Von Erich von Däniken sind bei BASTEI-LÜBBE außerdem erschienen:

60274 Erinnerungen an die Zukunft
60275 Zurück zu den Sternen
60276 Aussaat und Kosmos

ERICH VON DÄNIKEN
MEINE WELT IN BILDERN

BASTEI-LÜBBE-TASCHENBUCH
Band 60 277

© 1973 by Econ Verlag GmbH, Düsseldorf und Wien
Lizenzausgabe: Gustav Lübbe Verlag GmbH, Bergisch Gladbach
Printed in West Germany, August 1990
Einbandgestaltung: Roberto Patelli
Titelbild: Bavaria und Eric Bach
Druck und Bindung: Ebner Ulm
ISBN 3-404-60277-3

Der Preis dieses Bandes versteht sich einschließlich
der gesetzlichen Mehrwertsteuer

Seit Urzeiten faszinierte den Menschen das Weltall. Was waren das für
Lichtpunkte am Himmel? Ließen sich nicht in den Schnüren von Licht-
perlen Tiergestalten erkennen? Menschliche Wesen? Waren auf diesen
Lichtern die Götter zu Hause?
Unsere Milchstraße besteht aus etwa 100 Milliarden Fixsternen, ist aber
nur ein winziger Teil des Milchstraßensystems, das in einem Halbmesser
von 1,5 Millionen Lichtjahren etwa 20 Milchstraßen bündelt. (Ein Licht-
jahr = 9,461 Billionen Kilometer.) Selbst diese Zahl wird in Relation zu
den rund 1500 Millionen Galaxien, die bisher registriert wurden, zu einer
kleinen Summe. Woher stammt die ungeheure Materiemasse, die über
Abermillionen Lichtjahre im Weltraum verstreut ist? Alle Antworten
sind heute noch nur Theorien.

Wo ist die Antwort?

Da ist die »Urknall«-Theorie: Alle Materie war in einem Uratom vereinigt, wurde zusammengepreßt und explodierte. Aus den Teilen der
schweren Materiemasse entstanden die Galaxien. – Christian Doppler lieferte 1842 den Beweis, daß sich bei der Bewegung einer Lichtquelle vom
Beobachter weg eine Verschiebung des Spektrums nach Rot zeigt. Mit
dem »Dopplereffekt« läßt sich die Geschwindigkeit der Sterne messen. –
So konnte Edwin Powell Hubble 1929 die Ausdehnung des Universums
nachweisen: die Fluchtgeschwindigkeit einer Galaxis wächst mit zuneh-
mender Entfernung. Also läßt sich zurückrechnen, daß alle Materie sich
ursprünglich in einer Kondensation von Wasserstoff extrem hoher Dichte
an einem Punkt befand. Es kam zum Urknall. Seitdem rasen alle Materie-
teile, heute noch, voneinander weg. – Eine vielfach anerkannte Theorie
stammt von Carl Friedrich von Weizsäcker: Alle Sonnen und Planeten
wurden aus einer Gaswolke »geboren«, die zu 99% aus Wasserstoff und
Helium, zu 1% aus schweren Elementen bestand. In einem System von
Wirbeln bauten sich Galaxien um die schweren Elemente auf. – Die
»Steady-State«-Theorie, 1948, nimmt an, daß sich das Universum in sta-
tionärem Zustand befindet, daß neue Materie sozusagen aus dem Nichts
entsteht, so langsam aber, daß sich die Entstehung nicht registrieren läßt.
– Der »Oszillations«-Theorie nach zieht sich Materie wie ein Herzmuskel
zusammen und dehnt sich wieder aus. Dieser Rhythmus dauert 60 Milliarden Jahre. Wo ist *die* Antwort?

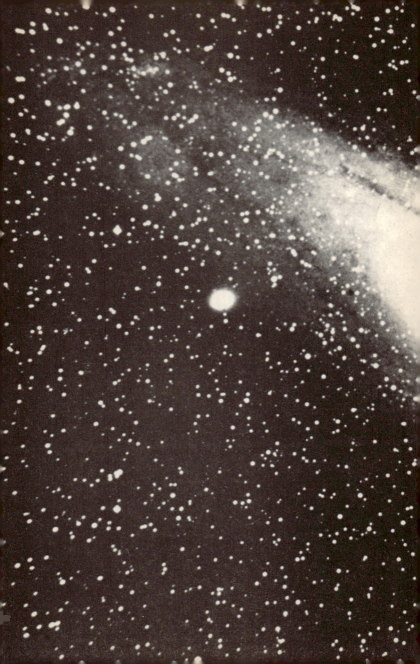

Rote und gelbe, schwarze und weiße Götter. Götter mit Schlitzohren und mandelförmigen Augen, mit plumpen Bäuchen und runden Köpfen, mit schwarzem Blut, mit Drachengesichtern. Götter mit angstmachenden Strahlenwaffen, Götter auf (chrom-)blitzenden Himmelsfahrzeugen, spindeldürre Gestalten, mit Antennen ausgerüstet, Götter mit Rädern an den Oberschenkeln, über Wasser und Wolken schwebend, wie Embryos in Kugeln hockend, auf fliegenden Schlangen reitend, durch den Hades marschierend, zwischen den Sternen thronend, Götter in Wolkensäulen aufsteigend, in Vimaanas (Sanskrit: fliegende Apparate) fahrend und in »Perlen am Himmel« entschwindend. Eifersüchtige, neidische, bösartige, beleidigte, kriegerische Götter.

Mißverstandene Realitäten?

Was soll das alles? Entstammen solche Darstellungen Zwangsvorstellungen der Völker rund um den Globus? Sind es Produkte religiöser Bedürfnisse, oder sind es doch Wiedergaben mißverstandener Realitäten?
Carl Gustav Jung (1875–1961) deutet die mythischen Betrachtungen der Urvölker als archetypische Bewußtseinsentwicklung. Danach ist das »kollektive Unbewußte« Ausdruck von Gut und Böse, von Freude und Strafe, von Leben und Tod. – Ich kann, ich gebe es zu, in diesen Bezirken mit Psychologie wenig anfangen. Sie mag ihre Forschungen um die Psyche – daher ja ihr Name! – erfolgreich weiterführen, dort auch sind ihre Methoden anwendbar, nicht aber dort, wo Realitäten eine exakte Deutung verlangen. Für mich sind Mythen die ältesten überlieferten Berichte der Menschheitsgeschichte, also Berichte einer einstmals gewesenen Realität.
Diese Überlieferungen brachten seltsame Blüten hervor. Da ist zum Beispiel das babylonische Etana-Epos, das zum größten Teil aus der Tontafel-Bibliothek des Assyrerkönigs Assurbanipal (669–626 v. d. Z.) stammt. Der eigentliche Ursprung des Epos ist unbekannt, doch sind Teile davon im viel älteren Gilgamesch-Epos, in akkadischer Sprache verfaßt, enthalten. Die Sumerer begannen 2300 Jahre v. d. Z. mit der Aufzeichnung ihrer Vergangenheit. Ähnlich wie Enkidu, Held des Gilgamesch-Epos, von einem Gott über die Erde getragen wird, schwebt auch Etana hoch in den Lüften. Hier die wesentlichen Teile dieses Berichtes aus dem Etana-Epos:

Der Adler sagte zu ihm, zu Etana:
Mein Freund, ich will Dich tragen zum Himmel Anus,
auf meine Brust lege Deine Brust,
Auf die Schwungfedern meiner Flügel lege Deine Hände,

auf meine Seiten lege Deine Seiten.

...

Als er ihn eine Weile emporgetragen hatte,
spricht der Adler zu ihm, zu Etana:
Schau, mein Freund, wie das Land geworden ist,
blick auf das Meer zu Seiten des Weltberges.
»Das Land da sieht aus wie ein Berg, ist das Meer geworden wie ein
Wasserlauf.«

...

Als er ihn wieder eine Weile emporgetragen hatte,
sagte der Adler zu ihm, zu Etana:
Schau, mein Freund, wie das Land geworden ist.
»Die Erde sieht aus wie eine Baumbepflanzung.«

Der Adler (Gott) steigt mit Etana höher und höher empor, und immer
wieder hält er den Menschensohn an, hinunterzuschauen und zu berichten, was er sieht. Schließlich ist vom Land nur noch »so viel zu sehen wie
eine Hütte«, und das weite Meer wird winzig »wie ein Hof«. Die letzte
Etappe dieser vermutlich ältesten Reportage aus dem Weltall ist faszinierend:

Mein Freund, blicke hin, wie das Land geworden ist.
»Das Land ist geworden zu einem Kuchen
und das weite Meer so groß wie ein Brotkorb.«
Und noch einmal trug er ihn höher empor und sagte:
Mein Freund, blicke hin, wie das Land *verschwunden* ist.
»Ich blicke hin, wie die Erde *verschwunden* ist,
und am weiten Meere sättigen sich meine Augen nicht!
Mein Freund, ich will nicht zum Himmel aufsteigen,
mache Halt, daß ich zur Erde zurückkehre.«

Muß man diese Reportage eines Fluges, die Schilderung der sich entfer-
nenden Erde, psychologisch »deuten«?

Woher kommen wir?

Ich bin fest davon überzeugt, daß in den Mythen aus Mangel an einer ge-
naueren Bezeichnung für die fliegenden Phänomene »Götter« nur ein
Synonym für Weltraumfahrer sein kann. Oft und oft beginnen die Texte:
»Nimm Deinen Griffel und schreibe«, oder: »Sieh genau hin, was ich dir
zeige, und teil es deinen Brüdern und Schwestern mit.« Menschen des frü-

hen Altertums konnten mit solchen Berichten nichts anfangen, sie waren für spätere Generationen gemeint: die Adressaten dieser Berichte waren wir! Mit unserem Wissen um die Weltraumfahrt, mit unserer Kenntnis von Satellitenaufnahmen können wir die Fakten der Berichte erkennen. Wir wissen, wie unser Globus aus großen Höhen aussieht. Uns sagt das Bild vom »Mehlbrei und Wassertrog«, mit dem im Gilgamesch-Epos die Erde aus weiter Entfernung beschrieben wird, was die frühzeitlichen Astronauten gesehen haben. In Sagen, Legenden, Mythen und heiligen Schriften sind Wahrheiten, sind Realitäten eingegangen. Wir müssen den Kern aus den Überlieferungen herauszuschälen versuchen. Am Ende werden wir die wirkliche Urgeschichte unseres Geschlechts in Händen haben. An diesem Wissen sollten alle interessiert sein. Die Frage »Woher kommen wir, wohin gehen wir?« bewegt alle Völker dieser Erde.

In der Mythologie wird der Weltraum seit Jahrtausenden »befahren«. Die Namen der Sternbilder der beiden Bären, des Schwans, des Herkules, des Adlers, der nördlichen Wasserschlange und der zwölf Tierkreiszeichen stammen aus dem dritten vorchristlichen Jahrtausend.

Zeus (lateinisch: Jupiter), höchster Herrscher des Himmels, ist bei Homer (8. Jahrhundert v. d. Z.) der »Blitzschleuderer« und »Hochdonnerer«. Auch der nordische Gott Thor ist der »Donnernde«. – Im indischen Raum fahren Rama und Bhima, mit »gewaltigem Getöse auf einem ungeheuren Strahl reitend«, zu den Wolkenbergen empor. – In der aztekischen Sage kommt Mixcouatl, die »donnernde Wolkenschlange«, am vierten Tage der Schöpfung auf die Erde und zeugt Kinder. – Die kanadischen Indianer berichten heute noch vom »thunderbird« (Donnervogel), der vor Urzeiten ihre Vorfahren besuchte, und dieser Donnervogel kam direkt aus dem Himmel. Und auch Tane, der Gott der neuseeländischen Maori-Legenden, ist ein Donnergott, der seine Kämpfe im Weltall mit dem »Blitz« entscheidet.

Die landläufige Erklärung will wissen, daß sich unsere primitiven Vorfahren ihre Göttervorstellungen nach Naturereignissen machten, also nach Wolken und Blitzen, nach Donner und Erdbeben, nach Vulkanausbrüchen und nach der Sonne und nach Gestirnen. Beim Betrachten von Felsmalereien unserer frühen Vorfahren wird diese Deutung meines Erachtens vollkommen ad absurdum geführt. Da sind in Göttern wahrhaftig keine Naturereignisse stilisiert, da sind sehr gott-menschliche Wesen abgebildet! Woher nehmen die Exegeten die Kühnheit, zu behaupten, Gott habe den Menschen »nach seinem Ebenbilde« geschaffen? Wenn Gott und Götter als Naturerscheinung »geglaubt« (und dargestellt) wurden, dann kann der einfältige Vorfahre nicht akzeptiert haben, daß er Gottes Ebenbild sei.

Ich meine, daß es nicht die Dümmsten unserer Ahnen waren, die, die

Schreibkunst beherrschend, vor Jahrtausenden niederschrieben, was sie entweder erlebt hatten oder was ihnen »aus erster Hand« berichtet wurde. Tatsache ist, und niemand wird es bestreiten, daß die ältesten Mythen und Legenden der Menschheit von fliegenden Göttern am Himmel berichten.

Tatsache ist, daß alle Schöpfungsberichte in verschiedenen Variationen festhalten, daß der Mensch von Göttern aus dem Weltall erschaffen wurde, nachdem sie vom Himmel her auf die Erde kamen. Die Schöpfung war nicht hausgemacht.

Zeus muß in der griechischen Sage den Drachen Typhon bekämpfen, ehe er eine neue Weltordnung begründen kann. Der Kriegsgott Ares (lateinisch: Mars), Sohn des Zeus, hält sich stets in der Begleitung von Phobos und Deimos, den Sinnbildern für Angst und Schrecken, auf. Die beiden äußeren Marsmonde tragen heute die Namen Phobos und Deimos. Selbst die liebreizende Aphrodite (lateinisch: Venus), Tochter des Zeus, kann ihre verlockende Schönheit, die »im Gürtel steckte«, dem Königssohn Adonis erst schenken, nachdem die Kämpfe im Weltall beendet sind. – In der Südseelegende der Tawhaki-Insulaner kommt die hübsche Jungfrau Hapai vom siebenten Himmel auf die Erde herab, um dort ihre Nächte mit einem »schönen Menschen« zu verbringen. Dieser auserwählte schöne Mensch ahnt nichts von der himmlischen Herkunft der Jungfrau, bis sie von ihm geschwängert wird. Erst als das freudige Ereignis ins Haus steht, offenbart sie ihm, daß sie den Rang einer Göttin innehat und daß sie von den Sternen kommt.

Nein, die Göttermenschen benehmen sich, wenn sie nach Kämpfen im Weltall die Erde erreicht haben, viel zu »natürlich«, als daß sie Inkarnationen von Naturereignissen hätten sein können.

2   Diese in Ton gebrannte »Unbekannte männliche Figur« hat eine Höhe von 14 cm, stammt aus der Obed-Zeit, 4. Jahrtausend v. d. Z.; sie steht im Museum in Bagdad, Bemerkenswert sind die insektenartigen Augen, die in unübersehbarem Widerspruch zu den realistischen Proportionen des Körpers stehen. Was für ein Vorbild mag der vorzeitliche Künstler für die Darstellung dieser mythologischen Figur gehabt haben? Schließlich waren auch uniformähnliche Westen 4000 vor Christus nicht üblich.

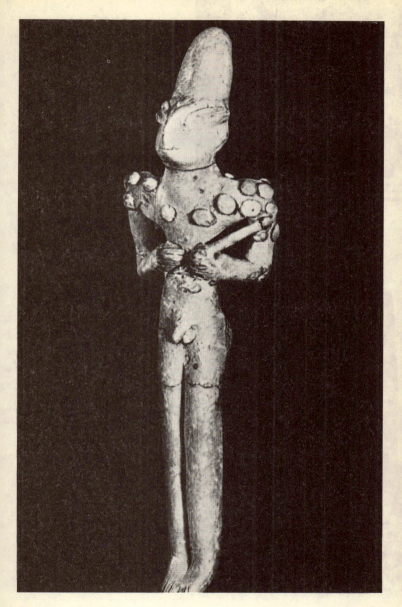

3 Ein geflügelter Cherub aus Elfenbein. Ähnliche Elfenbeinschnitzereien, oft mit Gold und Edelsteinen verziert, wurden in der Gegend von Samaria zu Hunderten gefunden und nach mindestens 800 v. d. Z. datiert

4 Bei Persiopolis steht diese vierflügelige Gestalt, im Auftrage von Kyrus d. Gr. (etwa 600 v. d. Z.) geschaffen. Hier wird dem Herrscher die Fähigkeit des Fliegens unterstellt, obschon nie ein Mensch seiner Zeit ein Wesen fliegend gesehen haben soll

5 Ein Zylindersiegel aus dem 1. Jahrtausend v. d. Z. – Wenn es schon keine fliegenden Menschen gegeben haben soll, sind doch fliegende Pferde geradezu absurd

6 Eine geflügelte assyrische Sphinx (8. Jahrhundert v. d. Z.)

7 Schmuckstücke wie dieser Goldanhänger wurden ägyptischen Mumien in ihre Sarkophage gelegt. Der behelmte Kopf eines Fliegers vor zwei Schwingen verewigte über den Tod hinaus den Menschheitswunsch, fliegen zu können

8 Diese beiden geflügelten Wesen (mit Löwenfüßen!) wurden bei Arslan Tasch in Syrien gefunden

5

6

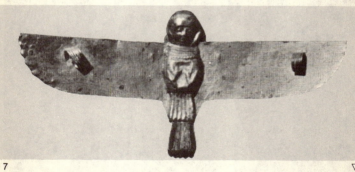

7

▽ 8

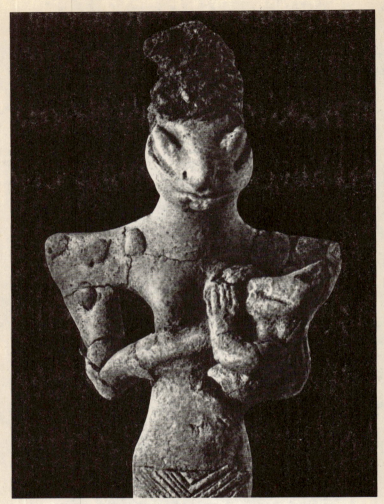

9   Dieses weibliche Wesen mit Insektenkopf, sonst aber menschlichen Formen stammt aus dem 4. Jahrtausend v. d. Z. (Irakisches Museum, Bagdad). In den Mythologien und vorzeitlichen Darstellungen taucht immer wieder die seltsame Kombination Mensch/Tier auf

10   Zeigten sich die babylonischen Damen im 2. Jahrtausend v. d. Z. an den Stränden des Persischen Golfes in der Mode unserer Zeit? ▷

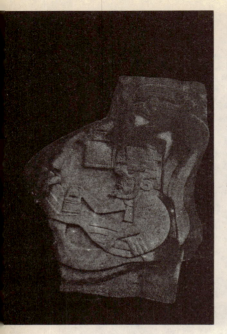 

11–12 Auf dem Drachen-Monolithen in Villahermosa (Mexiko) wie auf dem assyrischen Relief eines »geflügelten Genius« finden sich gleiche Motive: beide Wesen können fliegen – das eine im Drachen sitzend, das andere mit eigenen Flügeln, beide sind mit einem korbähnlichen Requisit ausgestattet. Gab es eine Kommunikation der Künstler über eine Distanz von 13 000 km Luftlinie?

13 Diese silberne, 6 cm hohe Figur aus dem Zweistromland (2. Jahrtausend v. d. Z.) gilt in der Archäologie als »Opferbringer«. Wem wurde geopfert? Gibt das sternenübersäte Gewand einen Hinweis?

14 Auf dieser Stele von knapp 3 m Höhe (Britisches Museum, London) soll der assyrische König Assurbanipal dargestellt sein. – Kurioserweise haben alle assyrischen Könige wie genormt das gleiche Gesicht, und stets schweben rätselhafte Symbole zwischen Sonne und Mond

19

15 Wenn ein geflügeltes Wesen einen Namen braucht, nennen es die Archäologen schlicht »Genius«. Auch dieser trägt wie alle seine Kameraden am Handgelenk einen Schmuck, der einer Armbanduhr verteufelt ähnlich ist. Eine Armbanduhrenkollektion assyrischer Genien ließe sich mühelos zusammenstellen

Nur mit Darstellungen von fliegenden, feuerspeienden, auf der Erde landenden, die Menschen befruchtenden Göttern ließen sich ganze Bände füllen, denn die Götter der Mythologie haben sehr früh ihre gemalten oder in Stein geritzten Konterfeis bekommen. Unüberschaubar ist die Zahl der Bilder von geflügelten Wesen, die eigenartige Geräte in den Händen halten. Auf sumerischen, assyrischen und babylonischen Rollsiegeln

20

tauchen Darstellungen fremder Sonnensysteme mit Planeten auf. (Rollsiegel sind Siegelzylinder aus hartem Stein oder Halbedelstein, mit denen von Völkern des alten Orients gesiegelt wurde.) Mich überrascht es nicht, daß solche Darstellungen mit den »Chiffren« in den alten Texten korrespondieren, weil sie ihren Ursprung in *einer* Realität haben.
Hier der Bericht von der Landung eines Weltraumschiffes! Der spanische Chronist Pedro Simon zeichnete ihn in seiner Sammlung von Mythen der Chibchas (= Menschen) aus dem ostkolumbischen Kordillerenhochland auf:

> Es war Nacht. Noch gab es irgend etwas von
> der Welt. Das Licht war in einem großen
> »Etwas-Haus« verschlossen und kam daraus
> hervor. Dieses »Etwas-Haus« ist »Chiminigagua«,
> und es barg das Licht in sich, damit es herauskam...

In einer an den ägyptischen Sonnengott Re gerichteten Keilschrift heißt es:

> Du mischest dich unter Sterne und Mond. Du ziehst das
> Schiff des Aton im Himmel und auf Erden wie die unermüdlich
> umlaufenden Sterne und die am Nordpol nicht untergehenden Sterne.

Auf einer Pyramiden-Inschrift steht:

> Du bist der, welcher an der Spitze des Sonnenschiffes steht
> von Millionen Jahren.

Aus dem Totenbuch, einer altägyptischen Sammlung von Texten, die Anweisungen für das Leben nach dem Tode enthalten, dieser Bericht:

> Ich bin der große Gott, der sich selber zeugt.
> Die geheime Macht meiner Namen
> erschafft die himmlische Ordnung der Götter.
> Die Götter hindern mein Schreiten nicht.
> Ich bin das Gestern.
> Ich kenne den Morgen.
> Der harte Kampf, den die Götter einander liefern,
> geschieht meinem Willen gemäß.

Eines der ältesten Gebete aus dem Totenbuch lautet:

> O Welten-Ei, erhöre mich!
> Ich bin Horus von Jahrmillionen!
> Ich bin Herr und Meister des Throns.
> Um Übel erlöst, durchziehe ich die Zeiten
> und Räume, die grenzenlos sind.

In der Rigveda, dem ältesten indischen Buch, heißt es in »Lieder der Schöpfung«:

> Weder Sein noch Nichtsein war damals ...
> Das Lebenskräftige, das von der Leere eingeschlossen war,
> das EINE, wurde durch die Macht eines heißen Dranges geboren.
> Wer weiß es gewiß, wer kann es hier verkünden,
> woher sie entstanden, woher diese Schöpfung kam?

17 Siegesstele des assyrischen Königs Asarhaddon (681 bis 669 v. d. Z.). Über ihm verschiedene mythologische Götter, auch eine geflügelte Sonne, ein achteckiger Stern und zwischen beiden fliegende Wesen.

Nicht nur Gentlemen!

Sumerische Mythen erzählen von Göttern, die in Barken und Feuerschiffen am Himmel fuhren, herniederkamen, ihre Vorvorderen befruchteten, um danach zu den Sternen zurückzukehren. Sumerische Überlieferung weiß, daß die Götter die Schrift brachten und die Rezeptur für die Herstellung von Metall. – Utu, der Sonnengott, Inanna, die Venusgöttin, und Enlil, der Luftgott, kamen aus dem Weltall. Enlil vergewaltigte das Erdenmädchen Meslamtaea und befruchtete es auf unfeine Art mit göttlichem Samen. Nicht alle Götter gingen als wahre Gentlemen in die Legenden ein ...

18 Terrakotta-Relief einer babylonischen Frau aus dem 1. Jahrtausend v. d. Z. im schicken Slip!

19 Geflügelte Gottheit aus dem 1. Jahrtausend v. d. Z. (Tell Halaf)

20 Alabaster-Relief eines Königs, von geflügelten Wesen flankiert (9. Jh. v. d. Z.)

21 Vogel mit Menschenkopf und Helm. In den Schwingen zwei sitzende Gestalten (Britisches Museum, London)

22 Geflügelte Wesen flankieren den »Lebensbaum«. Müßte der Genetiker in diesem »Lebensbaum« nicht eine schematische Darstellung erkennen? Vier Basen (Adenin, Guanin, Cytosin und Thymin) produzieren Zucker- und Phosphorsäuremoleküle, diese wiederum Aminosäuren. Fest steht: Mit einem »Baum« herkömmlicher Art haben wir es nicht zu tun.

Die cleveren Sumerer

Datierungen der sumerischen Geschichte sind bis zu mehreren hundert Jahren unsicher. Vermutlich kamen die Sumerer etwa um 3300 v. d. Z. aus Zentralasien nach Mesopotamien. Damals, als Europa noch in der Jungsteinzeit vor sich hindöste, entwickelten die Sumerer eine Schrift. Möglich, daß sie für die Güterverwaltung der Tempel besiegelte Akten und Rechnungen benötigten. Mit der handbetriebenen Töpferscheibe kam die Keramik auf, mit der Technik des Steindurchbohrens kamen Waffen auf den Markt. – Um 3000 v. d. Z. ließen sich die cleveren Sumerer die Kunst, Rollsiegel herzustellen, einfallen. Rollsiegel waren Stempel von einem bis zu sechs Zentimeter Länge, die, weil von hohem Wert, von den Besitzern meistens an einer Kette um den Hals getragen wurden. Diese Siegel rollte man auf Tongefäßen ab, stempelte Urkunden oder quittierte mit ihnen Abgaben an die Tempel, die ja auch die Finanzämter jener Zeit waren. – Rollsiegel waren stets kunstvoll ausgeführt; die ältesten dieser Funde zeigen mythologische Gestalten und Symbole. Vogelmenschen, Fabeltiere und Kugeln am Himmel waren bevorzugte Motive. Man sagt, diese Darstellungen seien Abstraktionen. Ich frage mich, ob die Sumerer ihre Kunst mit Abstraktionen begannen, weil Abstraktion doch als eine hohe Stufe der Kunst gilt. Gott Schamasch wurde mit brennenden Fakkeln auf dem Rücken dargestellt, in der Hand hält er einen seltsamen Gegenstand, vor ihm flimmert ein Stern, von dem aus eine gerade Linie nach unten (zur Erde?) geht. Mit einem Fuß steht Schamasch auf einer Wolke, mit dem andern auf einem Gebirge, flankiert ist er von zwei merkwürdigen Säulen, auf denen kleine Tiere Wache halten. – Im Britischen Museum, London, wird ein Rollsiegel aufbewahrt, das man »Die Versuchung« taufte. Zwei bekleidete Gestalten sitzen sich gegenüber, einer wachsen antennenartige Hörner aus dem Kopf; zwischen beiden wächst ein stilisierter Baum mit Ästen, am Fuß des Stammes krümmt sich eine Schlange. Warum »Die Versuchung«? Hatten die Taufpaten die Versuchung im Paradies im Sinn? Ein sinnwidriger Bezug! Dieses Rollsiegel ist ja viel älter als das 1. Buch Moses! Ich bin so kühn, einen anderen »Sündenfall« zu sehen: ein Gott (= Astronaut) übermittelt einem Schüler Kenntnisse, vielleicht erläutert er, wie er mittels Hochfrequenzantenne stets erreichbar ist? – Hier sind Rollsiegel aus sumerischen und babylonischen Zeiten wiedergegeben, sie laden zum Nachdenken und Vergleichen ein.

23–25 Rollsiegel, und *dies* sollen Abstraktionen sein? Geflügelte Wesen, Sterne und Kugeln

26   ▽ 27

26–31 Rollsiegel, die ersten Kleindenkmäler der Menschheit, sind eindrucksvolle Belege für Erinnerungen an Götterbesuche aus dem All. Akzeptable Deutungen, die über das Syndrom »mythologische Gestalten« hinausgehen, wurden bisher nicht angeboten, dabei sind Weltraumattribute wie Planetensysteme, geflügelte Kugeln, im Raum schwerelos schwebende Gestalten und technisch »schmeckende« Geräte nicht zu übersehen

28

28

29

30 ▽ 31

»Dies ist erst der Anfang ihres Tuns. Nunmehr wird ihnen nichts unmöglich sein, was immer sie sich vornehmen.« *Moses 1., 11,6*

Bis im November 1952 von den USA die erste Wasserstoffbombe im Gebiet der Marshall-Inseln zur Explosion gebracht wurde, hatten deren Erfinder hinter Stacheldrahtgehegen unter höchsten Geheimhaltungsstufen gearbeitet. Ähnlich arbeiten derzeit Genetiker und Biologen, soweit sich diese mit den Erbfaktoren beschäftigen, in ihren Laboratorien, denn die Wasserstoffbombe der Zukunft heißt »genetischer Code«. Ein künstlich erzeugtes Virus, von einer anarchistisch-verbrecherischen Organisation im Luftraum ausgesetzt, könnte das Ende der Menschheit bedeuten. Als 1969 die ersten Mondastronauten zur Erde zurückkehrten, verbrachten sie drei Wochen in Quarantäne: man fürchtete das Einschleppen außerirdischer Viren, denen der menschliche Organismus keine Abwehrkräfte entgegenzusetzen hätte. Aber: Heute werden bereits synthetische Viren hergestellt!

Synthetische Viren

1965 isolierte Professor Sol Spiegelmann von der Universität Illinois das Virus Phi-Beta, ein Resultat, das die Natur nicht zustande zu bringen vermag, weil das natürliche Virus sich stets selbst reproduziert. Schon 1967 gelang es Wissenschaftlern der Stanford-Universität, Palo Alto, Kalifornien, den biologisch aktiven Kern eines Virus zu synthetisieren. Nach dem genetischen Muster der Virusart Phi X 174 bauten sie aus Nukleotiden eines jener Riesenmoleküle zusammen, die alle Lebensvorgänge steuern: DNS (Desoxyribonukleinsäure). Die Männer in Palo Alto setzten synthetische Viruskerne in Wirtszellen ein: Die künstlichen Viren entwickelten sich dort wie natürliche, sie trotzten den Wirtszellen Millionen neuer Viren ab. Inzwischen konnte Nobelpreisträger Professor Arthur Kornberg über Tausende von Kombinationen den genetischen Code für das Virus Phi X 174 entziffern. In den kalifornischen Laboratorien hatte man Leben »hergestellt«. Dabei ist ein Virus nach der klassischen Definition kein »Lebewesen«, weil ihm dessen Charakteristika – Stoff- und Energiewechsel, eine Entwicklung – fehlen. Ein Virus frißt weder, noch scheidet es aus. Als Schmarotzer vermehrt es sich in fremden Zellen durch Reproduktion. Man möchte aufatmen: Der Mensch kann also doch kein Leben schaffen. Irrtum! Im Mai 1970 berichtete Nobelpreisträger Har Gobind Khorana, Universität Wisconsin, der »Federation of American Societies for Experimental-Biology«, daß es ihm gelang, ein *Gen* – Informationsträger aller Vererbung – herzustellen. Sein Kollege Salvador E.

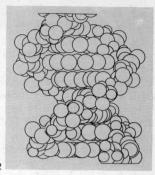

32

Luria sagte dazu: »Mindestens im Prinzip ist der Mensch nach Maß früher möglich geworden, als wir gedacht haben.« Wir es je möglich sein, Menschen nach Maß herzustellen?
Seit der Mitte des 19. Jahrhunderts wissen wir, daß die Zelle Trägerin aller Lebensfunktionen ist. Zellen vermehren sich milliardenfach durch Zellteilung; sie alle sind Baubestandteile der Organismen. Will man den Organismus verändern, muß man bei seinen kleinsten Bauteilen, den Zellen, beginnen. Von hier aus wurden alle großen biologischen Entdeckungen der Neuzeit entwickelt; erst mit Hilfe der Elektronenmikroskope tat sich die Wunderwelt der Zelle auf. Man entdeckte für jede Art von Lebewesen eine jeweils konstante Zahl und Form der Chromosomen, Teilstücke der färbbaren Zellkernmasse. Die in den Chromosomen liegenden Gene sind mit Vererbungsmerkmalen programmiert. Wie aber ist ein Gen gebaut?

Der programmierte Mensch

James D. Watson, Francis H. C. Crick und Maurice H. F. Wilkins erhielten 1962 den Nobelpreis für die Antwort auf diese Frage. Diese drei Männer wiesen nach, daß die Moleküle innerhalb jedes Gens die Form einer Doppelspirale – inzwischen als Doppelhelix ein Weltbegriff – einnehmen. Die DNS-Doppelhelix besteht aus Zucker- und Phosphorsäuremolekülen; am Aufbau der Zuckermoleküle sind vier Grundbasen beteiligt: Adenin – Guanin – Cytosin – Thymin. Watson und seine Mitarbeiter erkannten, daß die Reihenfolge der vier Grundbasen in der DNS festgelegt ist, denn Zucker- und Phosphormoleküle entwickeln sich in einer bestimmten Reihenfolge aus den Grundbasen. Die veränderliche Reihenfolge bestimmt die Anordnung der 20 bis 30 Aminosäuren in einem Eiweißmolekül. Die logische Folgerung bietet sich an: Um den Aufbau eines

Lebewesens zu verändern, müßte man die Reihenfolge der Basen in der DNS verändern. Die Folgerung ergibt sich leicht – die Manipulation ist unvorstellbar schwierig. Ein DNS-Makromolekül (ein Gen-Erbfaktor) besteht aus vielen tausend Nukleotiden. (Ein Nukleotid bildet sich aus einer der vier Grundbasen zusammen mit Zucker- und Phosphorsäuremolekülen.) In einer einzigen Keimzelle sind etwa 1000 Millionen Nukleotid-Basenpaare auf 46 Chromosomen verteilt. Bei so unendlich vielen Möglichkeiten der Variationen scheint es fast unmöglich, die im Gen programmierten (Vererbungs-)Informationen entziffern und dann noch verändern zu können. Trotzdem bin ich überzeugt, daß es den Molekulargenetikern, die heute mit der Besessenheit der Wasserstoffbombenerfinder arbeiten, bereits in den kommenden Jahren gelingen wird, den genetischen Code zur Veränderung einfacher Lebensformen zu finden. Professor Marshall W. Nirenberg vom »National Institute of Health«, der entscheidend bei der Entdeckung des genetischen Code mitwirkte, ist überzeugt, daß es schon in den nächsten zwanzig Jahren möglich sein wird, Zellen mit synthetischen genetischen Informationen zu programmieren. Ist der erste Schritt getan, einfache Lebensformen zu verändern, wird der zweite, nämlich auch hochkomplizierte Lebewesen wie den Menschen genetisch zu mutieren, schneller folgen. Wir leben ja im Zeitalter der Computer: sie können den Molekulargenetikern die Millionen und Millionen Rechenaufgaben in kürzester Zeit zuliefern.

Was hat dieser kurze, geraffte Ausflug in die Molekulargenetik mit *meiner Welt* zu tun? Sehr, sehr viel. Ich möchte erreichen, daß eine Querverbindung verstanden wird: Die Veränderung der Erbfaktoren wird eines Tages (auch bei uns!) möglich sein, die Grundlagenforschung hat den Beweis schon geliefert. Weshalb soll es nicht möglich sein, daß eine außerirdische Intelligenz, die die Technik der Weltraumfahrt beherrschte, die uns um Tausende von Forschungsjahren voraus ist, auch über uns weit überlegene Fähigkeiten der Molekulargenetik verfügte? Mir geht es auch hier darum, der überheblichen Meinung entgegenzutreten, daß der (irdische) Mensch die Krone der Schöpfung sei. Wenn aber fremde Kosmonauten über Kenntnisse verfügten, die wir eben erst erwerben, dann konnten sie unsere primitiven Vorfahren durch Manipulationen mit dem genetischen Code intelligent werden lassen. *Noch* ist es, zugegeben, meine Spekulation, daß die Euhomininen durch eine künstliche Mutation mit dem genetischen Code intelligent wurden. Die so manipulierten neuen Menschen wurden *plötzlich*, statt mit dem Simsalabim des Schöpfungsaktes, intelligent, bekamen Bewußtsein, Erinnerungsvermögen und Sinn für Handwerk und Technik. Sumerische Rollsiegel, die den Lebensbaum darstellen, haben dann einen neuen Aspekt: Ähneln sie nicht auf eine vertrackte Weise der Doppelhelix?

33

34   ▽ 35

36 ▽ 37

33–43 Leicht ließe sich ein interessantes Buch nur aus Abbildungen von Rollsiegeln zusammenstellen. Ich kann meinen Lesern auf wenigen Seiten nur einen Eindruck von der fast zwanghaften Gleichartigkeit der Motive vermitteln. Möge doch ein Professor der Biochemie einem auch technisch versierten Studenten Rollsiegel als Motivforschung zur Dissertation in Auftrag geben!

35

44 Götter in einer »Flugmaschine« über dem Lebensbaum und über dem Halbmond. Eine annehmbare Erklärung für das raketenähnliche Gebilde am linken Bildrand und die schwebenden Kugeln gibt es nicht

45 Geflügelte Götter aus der Mythologie, über Ihnen ein Fluggerät mit Kugeln. Woher nahmen die Künstler dieser Kleinstdenkmäler ihre Motive? (Britisches Museum, London)

Was würde eigentlich auf einem Planeten, auf dem es keinerlei Technik gibt, geschehen, wenn dort ein Raumschiff landet? Wie würden sich Bauern und Soldaten bei seinem furchterregenden Anblick verhalten? Wie würden Priester, Schriftkundige und Könige – oder wer immer auf diesem Planeten zur Elite gehört – reagieren?

Ungeheures ist geschehen. Der Himmel tat sich auf. Unter schrecklichem Lärm und Brausen kamen auf einem gleißenden Strahl fremde Wesen in einem glitzernden Haus hernieder: es mußten Götter sein. Geschockt und in Furcht versetzt, beobachten die »Eingeborenen« aus sicherem Versteck die Ankömmlinge in ihren plumpen Anzügen. Sie kennen nur das Licht ihrer Lagerfeuer, von Ölfunzeln und Fackeln. Hier, vor ihren geblendeten Augen, wird die Nacht heller als der Tag: die Fremden verfügen über göttliche Sonnen (während die Kosmonauten eine Scheinwerfergruppe installieren). Sie sehen, wie die Fremden die Erde bersten lassen, also wohl über Götterkraft verfügen (während eine normale Versuchssprengung zum Finden von Bodenschätzen vorgenommen wird). Dann schleudern die ungebetenen Gäste auch noch mit Blitzen um sich (während die Gelandeten mit einem Laserstrahl hantieren). Jetzt, sie trauen ihren Augen nicht, erhebt sich unter dröhnendem Getöse ein wahrhaftiges Himmelsschiff, das über Hügel und Wasser schweben kann und in den Wolken verschwindet (während ein Helikopter startet). Sie hören eine urgewaltige Stimme, die wie Gottes Stimme weit über das Land hallt (während der Kommandant über Lautsprecher seine Befehle gibt). All das sind Eindrücke, wie sie von Technik unbeleckte Planetenbewohner haben. Selbstverständlich erzählen sie weiter, was sie sahen. Selbstverständlich schreiben es Schriftkundige auf – nicht ohne die Fakten mit religiösen Arabesken auszuschmücken. Jahrtausende vergehen. Gelehrte Männer finden und interpretieren die Schriften. Sie verstehen die Vorgänge nicht: göttliche Sonnen, erdeaufwühlende Blitze, Himmelsschiffe? Die Vorfahren müssen an Halluzinationen gelitten, Wahnvorstellungen gehabt haben oder Visionen erlegen sein. Weil nicht sein kann, was nicht sein darf, die Berichte gleichwohl in ein ordentliches System eingereiht werden müssen, wird mit kühnster Phantasie alles bemüht, was diese lästigen »Erscheinungen« wenigstens so plausibel machen kann, daß alle Welt daran »glauben« kann. Religionen, Kulte und Ideogramme müssen herhalten, ja, man erfindet sie ad hoc, wenn die vorhandenen keine brauchbare Katalognummer anbieten. Wenn endlich die alten Texte ins hergebrachte Bild passen, muß an die Interpretation »geglaubt« werden. Zweifel ist Häresie. Ich möchte zu dieser Methode sagen: »Denken – streng verboten!«

Hesekiel war Augenzeuge

Wenn man den Alttestamentlern glauben darf, hat sich die schreckliche Geschichte im Jahre 592 v. d. Z. ereignet, und der Prophet Hesekiel hat sie überliefert. (Sie ist zu einem Schmuckstück meiner Beweismittel geworden!) Hesekiel:

Es begab sich im 30. Jahre am 5. Tage des 4. Monats, als ich am Flusse Chebar unter den Verbannten war, da tat sich der Himmel auf... Ich sah, wie ein Sturmwind daherkam von Norden und eine große Wolke, umgeben von strahlendem Glanz und einem unaufhörlichen Feuer, aus dessen Mitte es blinkte wie Glanzerz. Und mitten darin erschienen Gestalten wie von vier lebenden Wesen; die waren anzusehen wie Menschengestalten. Und ein jedes hatte vier Gesichter und ein jedes vier Flügel. Ihre Beine waren gerade, und ihre Fußsohle wie die Fußsohle eines Kalbes, und sie funkelten wie blankes Erz... Und zwischen den lebenden Wesen war es anzusehen, wie wenn feurige Kohlen brannten; es war anzusehen, als würden Fackeln zwischen den lebenden Wesen hin und her fahren, und das Feuer hatte einen strahlenden Glanz, und aus dem Feuer fuhren Blitze... Weiter sah ich neben jedem der vier lebenden Wesen ein Rad auf dem Boden. Das Aussehen der Räder war wie der Schimmer eines Chrysoliths, und die vier Räder waren alle von gleicher Gestalt, und sie waren so gearbeitet, als wäre je ein Rad mitten in andern Rad. Sie konnten nach allen vier Seiten gehen, ohne sich im Gehen zu wenden. Und ich sah, daß sie Felgen hatten, und ihre Felgen waren voll Augen ringsum an allen vier Rädern. Wenn die lebenden Wesen gingen, so gingen auch die Räder neben ihnen, und wenn sich die lebenden Wesen vom Boden erhoben, so erhoben sich auch die Räder... Und wenn sie gingen, hörte ich ihre Flügel rauschen gleich dem Rauschen großer Wasser, gleich der Stimme des Allmächtigen, und ein Getöse wie das eines Heerlagers. Und siehe, über der festen Platte, die über ihrem Haupte lag, war es anzusehen wie Saphirstein mit etwas wie einem Thron darauf; und auf dem, was wie ein Thron aussah, war eine Gestalt wie ein Mensch anzusehen...

Halluzinatorische Erlebnisse

Diesem Hesekiel-Text gab ich vor fünf Jahren eine technische und deshalb, wie ich meine, realistische Interpretation: Hesekiel sah und beschrieb ein Raumschiff samt Mannschaft. Man machte sich lustig darüber. Ich ließ mich nicht verunsichern und »untermauerte« diesen brisanten

Komplex in ZURÜCK ZU DEN STERNEN mit weiteren Zitaten aus dem Buch des Propheten. Vom Lächerlichmachen ging man zu harten Attacken über. Bei den Angriffen aus der religiösen Ecke mischten manche Journalisten mit, die sicher nicht ahnten, wer ihnen die Feder führte. Der Schweizer Theologe Professor Othmar Keel, Universität Freiburg, meinte in seinem Buch »Zurück von den Sternen«, daß meine technischen Ausdeutungen jeder Grundlage entbehrten, und rümpfte – ganz im Stil der alten Schule – seine überhebliche Nase: dafür könne die Fachwelt nur ein mitleidiges Lächeln übrig haben. – Dabei ist sich das Korps der Alttestamentler in der Exegese der Rauch-Beben-Feuer-Blitz-Donner-und-Thron-Erscheinungen in den Büchern des Alten Testaments durchaus nicht einig, nur: eine technische Interpretation lehnte das Korps geschlossen ab. Professor Keel versteht die »Erscheinungen« als Ideogramme, während Professor Lindborg die gleichen Ereignisse für halluzinatorische Erlebnisse hält. Dr. A. Guillaume sieht in den Göttererscheinungen Naturereignisse, sein Kollege Dr. W. Beyerlein möchte sie als rituelle Teile des israelitischen Festkultes interpretiert wissen. Nur Dr. Fritz Dummermuth räumt in der »Zeitschrift der theologischen Fakultät Basel« ein, daß ». . . die in Frage stehenden Berichte sich bei genauerem Hinsehen schlecht mit Naturerscheinungen meteorologischer oder vulkanischer Art zur Deckung bringen lassen«, und merkt an, es wäre ». . . an der Zeit, die Dinge unter einem neuen Sehwinkel anzugehen, soll die Bibelforschung hier weiterkommen«.

Jetzt kann ich einen provozierenden Schritt weitergehen und behaupten, daß die herkömmliche Bibelforschung in Bälde mit der Hesekiel-Interpretation nichts mehr zu tun haben wird. Das Alte Testament berichtet wie manche anderen »heiligen Bücher« auch über viele Vorgänge, die in den Bereich technischer Forschung gehören. Wann und wo auch immer sich »Gott« oder »Götter« real in realer Umwelt zeigen, tun sie das unter Verbreitung von Feuer, Rauch, Beben, Licht und Lärm. Was mich angeht, so kann ich mir nicht vorstellen, daß der große allgegenwärtige Gott zu seiner Fortbewegung irgendein Fahrzeug braucht. Gott ist unfaßbar, unendlich, zeitlos, allmächtig und allwissend. Gott ist Geist. Und Gott ist gütig. Warum sollte er dann aber die Wesen seiner Liebe mit Machtdemonstrationen, wie sie im Alten Testament geschildert sind, erschrecken? Vor allem: Da Gott allwissend ist, war ihm klar, daß die in Texten überlieferten Erscheinungen von den Kindern des 20. Jahrhunderts interpretiert würden – mit ihrem Wissen. Der allmächtige Gott ist zeitlos. Er kennt kein Gestern, Heute oder Morgen. Mir scheint es blasphemisch, zu unterstellen, der wahrhaftige Gott müsse das Resultat einer von ihm selbst eingeleiteten Operation abwarten, oder er könnte es Mißdeutungen aussetzen. *Dieser* Gott muß wissen, wie die überlieferten Texte in fernen Zeiten, zum Beispiel von uns, ausgelegt werden. Will man den großen Gott unantastbar halten, dann darf man ihn nicht als Kronzeugen für all die bisherigen Interpretationen bemühen.

Also: Der Prophet Hesekiel sah und beschrieb ein Raumschiff. Da Kommandant und Bodenmannschaft die Sprache des Propheten sprachen – sonst hätte er sie nicht verstanden –, ist logischerweise anzunehmen, daß die Crew über einen längeren Zeitraum die Bewohner des Landegebietes beobachtete, ihre Sprache lernte, ihre Sitten studierte. Erst nach gründlicher Vorbereitung wurde Kontakt mit Hesekiel aufgenommen. Erlebnisse und Schilderungen gingen, dem Bericht im Alten Testament folgend, über zwanzig Jahre. Hesekiel war ein aufmerksamer Chronist. Er war beeindruckt vom Glanz des Metalls und vom Dröhnen des Fahrzeugs, von den ausgefahrenen Stelzenbeinen der Landekapsel, vom glühenden Kühler des Kernreaktors; der glitzernde Schutzanzug des Kommandanten schien ihm wie »Glanzerz«, die Rotorenblätter der Helikopter verglich er mit »lebenden Wesen«; verblüffend fand er die Beobachtung, daß die Räder des Fahrzeugs »... nach allen vier Seiten gehen (konnten), ohne sich im Gehen zu wenden«. Mehrfach versucht er, Worte für den Lärm, der mit der »Erscheinung« verbunden ist, zu finden; da ihm ein noch größerer Lärm unvorstellbar ist, bedient er sich Metaphern wie »... das Rauschen großer Wasser ...« oder »... das Getöse eines Heerlagers ...« Hätte Hesekiel, wie man sagt, Halluzinationen gehabt, hätte er sich nicht um Worte und Bilder für die Unvorstellbarkeit des Lärms bemühen müssen. Halluzinationen erscheinen, soweit mir bekannt ist, nicht unter Lärmentwicklung, sie belasten die Umwelt nicht. Allein dieser Umstand hätte die Exegeten alter Schule stutzig machen sollen wie gleichermaßen die exakte Bestandsaufnahme eines technischen Vorgangs:

> ... wenn die lebenden Wesen gingen, so gingen auch die Räder neben ihnen, und wenn sich die lebenden Wesen vom Boden erhoben, so wichen auch die Räder nicht von ihrer Seite. Wenn jene stillstanden, so standen auch sie still, und wenn jene sich erhoben, so erhoben sie sich mit ihnen ...

Ein »Wunder«? Es ist kein Wunder, denn wenn sich ein Helikopter in die Luft erhebt, bleiben die Räder schwerlich am Boden!

Ich sagte es schon: Meine Interpretation der Hesekiel-Texte ist ein Schmuckstück meiner Indizienkette geworden. Der Ingenieur Josef F. Blumrich, Leiter der Gruppe Konstruktionsforschung in der NASA, Huntsville, Alabama, Inhaber zahlreicher Patente für den Bau von Großraketen, Träger der »Exceptional-Service«-Medaille der NASA, lieferte in seinem Buch DA TAT SICH DER HIMMEL AUF den ingenieurmäßigen Beweis für die ehemalige Existenz der Raumschiffe des Propheten Hesekiel und bestätigte sie durch seine Kenntnisse der modernsten Technik. Im Vorwort des durch seine exakte und nüchterne Textanalyse bestechenden Buches sagt Blumrich, daß er eigentlich meine Behauptungen in ERINNERUNGEN AN DIE ZUKUNFT widerlegen wollte, nach langem Studium der Texte aber eine »Niederlage« erfuhr, die reich belohnt wurde, die faszinierend und erfreulich war...

Hesekiels Raumschiff war Wirklichkeit!

Die Quintessenz der Untersuchungen des NASA-Ingenieurs Blumrich lautet:

> »Die gewonnenen Ergebnisse zeigen uns ein Raumfahrzeug, das nicht nur technisch ohne Frage möglich ist, es ist auch in seinen Funktionen und für seine Mission sehr sinnvoll angelegt. Wir sind überrascht, einen Stand der Technik vorzufinden, der in keiner Weise phantastisch ist, vielmehr selbst im extremsten Fall schon beinahe im Bereich unserer heutigen Möglichkeiten liegt, also unserer Zeit nur um ein Geringes voraus ist. Außerdem zeigen die Ergebnisse ein Raumschiff, das in Verbindung mit einem Mutterraumschiff benutzt wurde, welches sich in einer Umlaufbahn um die Erde befand. Phantastisch bleibt nur, daß ein solches Raumschiff bereits vor mehr als 2500 Jahren greifbare Wirklichkeit war!«

Der Schlüssel zur Klärung von Hesekiels Bericht lag, wie Blumrich schreibt, in einer sehr sorgfältigen Analyse der von ihm beschriebenen Bauteile der Raumschiffe und deren Funktionen unter Anwendung der Kenntnisse des heutigen Standes der Raketen- und Raumschifftechnik. Ich will und kann den Alttestamentlern keinen Vorwurf daraus machen, daß sie es weder verstehen zu rechnen noch zu (re-)konstruieren, doch wende ich mich dagegen, uns unter Negierung neuer technischer Erkenntnisse immer noch und immer wieder dieselben alten theologischen Hüte als ultima ratio angeblicher Wissenschaftlichkeit zu verkaufen. Vollkommen richtig ist Blumrichs Forderung, Ingenieure hinzuzuziehen, wenn es um die Beurteilung von Konstruktionen oder konstruktionsähnlichen Gebilden geht. Wissenschaft befasse sich mit den Fragen der Grenzen der Möglichkeiten. Angelegenheiten innerhalb dieser Grenzen aber gehörten zum Aufgabengebiet des Ingenieurs, besonders des Konstrukteurs, weil dieser die Ausführungsformen selbst der fortgeschrittensten

41

Konstruktionen entwickeln und die Bedingungen und Hintergründe für ihre Gestaltung durchdenken und erfüllen müsse. »Er ist es deshalb auch, der am besten vom Aussehen einer Konstruktion auf ihre Verwendung, ihren Zweck, schließen kann.«

So schreibt denn auch der Ingenieur Blumrich:

»Man kann das allgemeine Aussehen der von Hesekiel beschriebenen Raumschiffe aus seinem Bericht herauslesen. Man kann dann, und zwar als Ingenieur, völlig unabhängig vom Bericht ein Fluggerät solcher Charakteristik nachrechnen und rekonstruieren. Wenn man dann feststellt, daß das Resultat nicht nur technisch möglich ist, sondern sogar in jeder Hinsicht sehr sinnvoll und wohldurchdacht, und ferner im Hesekiel-Bericht Details und Vorgänge beschrieben findet, die sich mit dem technischen Ergebnis ohne Widerspruch decken, dann kann man nicht mehr nur von Indizien sprechen. Ich habe gefunden, daß Hesekiels Raumschiff sehr glaubhafte Dimensionen hat.«

Und dies sind die Dimensionen des von Hesekiel beschriebenen Raumschiffs:

Spezifischer Impuls	I_{sp}	=	2 080 sec
Konstruktionsgewicht	W_o	=	63 300 kg
Treibstoff für den Rückflug	W_9	=	36 700 kg
Rotordurchmesser	D_r	=	18 m
Rotorantriebsleistung (total)	N	=	70 000 PS
Durchmesser des Hauptkörpers	D	=	18 m

46–47   Die beiden Abbildungen sind nur ein scheinbarer Widerspruch: die Illu- ▷ stration aus einer alten Bibel vermittelt einen phantastischen, aber untechnischen Eindruck von den Hesekiel-»Erscheinungen«, während der NASA-Ingenieur Josef F. Blumrich Hesekiels Beschreibungen in technischer Manier wiedergibt

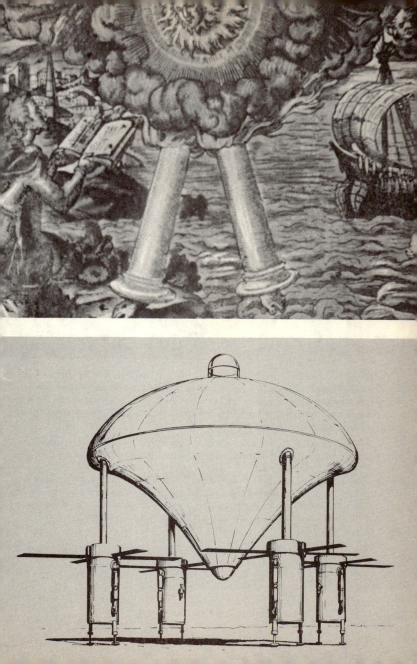

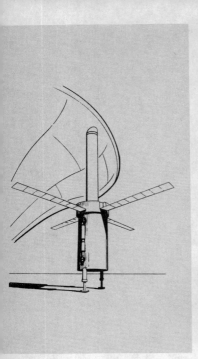
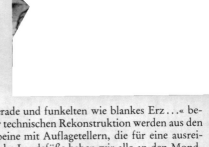

48–49 »...Und die Beine waren gerade und funkelten wie blankes Erz...« berichtet der Prophet Hesekiel. – In der technischen Rekonstruktion werden aus den geraden Beinen hydraulische Federbeine mit Auflagetellern, die für eine ausreichende Lastenverteilung sorgen. Solche Landefüße haben wir alle an den Mondfahrzeugen in Aktion beobachten können

50–53 »...als wäre je ein Rad mitten im anderen Rad...« – Als NASA-Ingenieur ▷ Blumrich den Hesekiel-Angaben nachging, stieß er auf die probate technische Lösung: das Rad ist in verschiedene Segmente unterteilt, wobei jedes Segment für sich an einer Kleinachse endet. Da jede Achse nach links und nach rechts drehbar ist, kann mit dieser Konstruktion sogar im rechten Winkel manövriert werden. Weil jeweils nur ein Segment den Boden berührt, kann der Kommandant die Räder nicht nur vorwärts und rückwärts, sondern auch seitwärts in Bewegung setzen

50

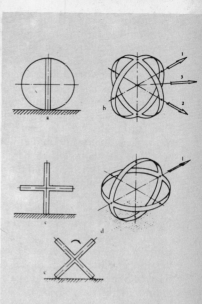

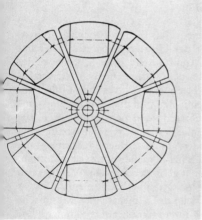

51

▽ 52

▽ 53

Die sittenrichterliche Tätigkeit der um 440 v. d. Z. in Rom eingesetzten Zensoren wurde von den religiösen Gemeinden der christlichen Frühzeit in wackere Tradition genommen. Die Redakteure der Bibel waren zugleich ihre Zensoren. Sie ließen nicht zu, daß *alle* vorliegenden Manuskripte ins Buch der Bücher aufgenommen wurden. Versierte Theologen wissen, daß es *auch* die Apokryphen (griechisch: verborgene Schriften) gibt, nicht in den Kanon aufgenommene jüdische oder christliche Zusatzschriften – daß es *auch* die Pseudepigraphen gibt, jüdische Schriften aus dem Jahrhundert vor und nach Christus, die zum Alten Testament gehören wollen, aber weder in die Bibel noch in den Kanon der apokryphen Schriften der katholischen Kirche aufgenommen wurden. Vermutlich waren sie den Bibelzensoren nicht »heilig« genug, um in *unserem* Alten Testament Raum zu bekommen.

Ein Buch, das wir nicht lesen sollen

Einer der uns vorenthaltenen Bibelteile ist das Buch Henoch (hebräisch: der Eingeweihte). Nach Moses einer der Urväter, vorsintflutlicher Patriarch, Sohn des Jared, steht er seit Jahrtausenden im Schatten seines Sohnes Methusalem (hebräisch: Mann des Wurfgeschosses), der angeblich 969 Jahre alt geworden sein soll. Nach seinem Erdendienst fuhr Prophet Henoch in einem feurigen Wagen in den Himmel. Gut, daß er seine Aufzeichnungen zurückließ, denn sie vermitteln tiefe Einblicke in die frühesten Geheimnisse der Astronomie, berichten von der Abkunft der Götter und wissen Details vom »Sündenfall«. Das Buch Henoch soll ursprünglich in hebräischer oder aramäischer Sprache verfaßt worden sein, aber das Urmanuskript ist bis heute nicht gefunden worden. Wäre es nach dem Willen der Kirchenväter gegangen, hätte überhaupt niemand etwas von dem Buch Henoch erfahren. Tücke des Objekts: die abessinische Frühkirche hatte Henochs Schrift in ihren Kanon aufgenommen! Die Nachricht erreichte Europa in der ersten Hälfte des 17. Jahrhunderts, doch erst 1773 nahm der britische Afrikafahrer J. Bruce ein Exemplar des Henoch-Buches mit nach England. In der Folgezeit kamen einige zweifelhafte Abschriften in lateinischer Sprache in Umlauf. 1855 wurde das Buch in Frankfurt erstmalig ins Deutsche übersetzt. Inzwischen sind auch Bruchstücke einer sehr frühen griechischen Niederschrift entdeckt worden. Beim Vergleich des äthiopischen mit dem griechischen Text ergab sich Übereinstimmung, so daß wir annehmen können, einen »echten Henoch« zu besitzen.

Ich besitze eine Henoch-Übersetzung »Thübingen 1900«. Meines Wissens gibt es keine neuere Übersetzung. Das ist schade, denn die »Thübinger« ist kompliziert und verschachtelt. Die Übersetzer der Jahrhundertwende standen – man spürt es – so ratlos vor den astronomischen Zahlenreihen, den geschilderten (heute verständlichen) genetischen Manipulationen, daß sie zu jeweils zehn Henoch-Zeilen im Anhang mindestens die doppelte Zeilenzahl mit Erklärungen gaben und verschiedene Übersetzungsmöglichkeiten anboten.

Das Geheimwissen des Propheten Henoch

Die Henoch-Kapitel 1–5 bringen Ankündigungen eines Weltgerichtes. Es wird behauptet, der himmlische Gott würde seine himmlische Wohnung verlassen, um mit den Heerscharen seiner Engel auf der Erde zu erscheinen. – Die Kapitel 6–16 schildern den Fall der »abtrünnigen Engel«, sie nennen die Namen jener Engel (= Raumfahrer), die sich entgegen dem Befehl ihres Gottes (= Raumschiffkommandant) mit den Töchtern der Menschen vereinigten. – In den Kapiteln 17–36 werden Henochs Reisen in verschiedene Welten und zu fernen Himmelsgewölben beschrieben. – Die Kapitel 37–71 enthalten sogenannte »Bildreden«, Gleichnisse aller Art, die dem Propheten von den Göttern erzählt wurden: Henoch erhielt den Auftrag, sie zu überliefern, denn die Menschen seiner Zeit vermochten den mitgeteilten technischen Zusammenhänge nicht zu verstehen, sie waren für eine zukünftige Zeit bestimmt. – Die Kapitel 72–82 machen verblüffend präzise Angaben über Sonnen- und Mondumlaufbahnen, über Schalttage, Sterne und die Himmelsmechanik, sie geben geographische Bestimmungen des Universums. – Die restlichen Kapitel enthalten Gespräche Henochs mit seinem Sohn Methusalem, dem er die kommende Sintflut ankündigt. Im Happy-End des Berichtes fährt Henoch in seinem »feurigen Wagen« zum Himmel.

Mit den folgenden wortwörtlichen Textauszügen möchte ich dazu beitragen, das uns von den Kirchenvätern vorenthaltene Buch Henoch bekanntzumachen, und als Enfant terrible undenkbarer »Exegesen« möchte ich mit Randbemerkungen neue Denkanstöße geben.

KAPITEL 14 »Sie trugen mich hinein in den Himmel. Ich trat ein, bis ich mich einer Mauer näherte, die aus Kristallsteinen gebaut und von feurigen Zungen umgeben war; und sie begann, mir Furcht einzujagen. Ich trat in die feurigen Zungen hinein und näherte mich einem großen, aus Kristallsteinen gebauten Hause. Die Wände jenes Hauses glichen einem mit Kristallsteinen getäfelten Fußboden, und sein Grund war von Kristall. Seine Decke war wie die Bahn der Sterne und Blitze, dazwischen feurige Cherube. Ein Feuermeer umgab seine Wände, und seine Türen brannten von Feuer.«

Unbekannte Technik

Ich denke, hier wurde Henoch ziemlich zweifelsfrei in einem Zubringer-schiff von der Erde zum Mutterschiff, das sich in der Erdumlaufbahn be-wegte, transportiert. Der Glanz der Metallhülle des Raumschiffs erschien ihm »wie aus Kristallsteinen gebaut«. Durch eine hitzeabweisende Pan-zerglasdecke konnte er Sterne und Sternschnuppen sehen und auch das Aufblitzen der Steuerdüsen kleinerer Raumschiffe beobachten. (»Seine Decke war wie die Bahn der Sterne und Blitze, dazwischen feurige Che-rube.«) Auch sieht Henoch die grell leuchtende Raumschiffwand, jene Seite, die der Sonne zugewandt ist. Oder erstaunten ihn die blendendhel-len Düsenausstöße abbremsender Raketen? Fraglos hatte er Angst, in Feuer treten zu müssen. Um so verblüffter ist er Momente später, daß das Innere des »Hauses« dann »kalt wie Schnee« ist. Freilich, unser Reporter Henoch ahnte noch nichts von den Möglichkeiten des Druckausgleichs und von Air-conditioning, Techniken, die die Fremden selbstverständlich beherrschten.

KAPITEL 15 »Und ich hörte die Stimme des Höchsten: ›Fürchte Dich nicht, Henoch, Du gerechter Mann und Schreiber der Gerechtigkeit ... geh hin und sprich zu den Wächtern des Himmels, die Dich gesandt ha-ben, um für sie zu bitten. Ihr solltet eigentlich für die Menschen bitten, und nicht die Menschen für Euch!‹«

Es ist eindeutig: Henoch steht nun vor dem Kommandanten, zu dem die »Wächter« ihn gebracht haben. Wer sind denn diese »Wächter«? Von die-sen seltsamen Figuren spricht Hesekiel, sie tauchen im Gilgamesch-Epos auf, sie geistern durch die fragmentarischen Texte der Lamech-Rolle, jene mysteriösen Schriftrollen, die hoch über dem Toten Meer in Felsgrotten gefunden wurden. Darin schwört Lamechs Weib Bat-Enosch seinem Gatten, sie sei auf ganz natürliche Weise schwanger geworden, sie habe wirklich nichts mit einem »Wächter des Himmels« gehabt. Nun figurie-ren diese Wächter auch in Henochs Bericht! – Der Kommandant macht dem Propheten gegenüber zwei nachdenkenswerte Bemerkungen: erstens redet er ihn als »Schreiber« an, rechnet ihn also zu der kleinen Kaste der damals des Schreibens Kundigen; zweitens sagt der Kommandant mit un-verhohlenem Spott, eigentlich sollten die »Wächter« für die Menschen bitten, nicht aber die Menschen für die »Wächter«. Der Kommandant sagt sogleich, was er meint:

»(Sage den Wächtern) ... warum habt Ihr den hohen, heiligen Himmel verlassen, bei den Weibern geschlafen, Euch mit Menschentöchtern ver-unreinigt, Euch Weiber genommen und wie die Erdenkinder getan und Riesensöhne gezeugt? Obwohl Ihr unsterblich wart, habt Ihr durch Blut der Weiber Euch befleckt und mit dem Blute des Fleisches Kinder gezeugt, nach dem Blute des Menschen begehrt und Fleisch und Blut hervorgebracht, wie jene tun, die sterblich und vergänglich sind.«

So war das also: Im Vergleich zu den Erdbewohnern wurden die Weltraumfahrer viel älter, scheinbar unsterblich. Der Kommandant hatte offenbar lange vor der von Henoch beschriebenen Begegnung eine Crew seiner »Wächter« auf dem blauen Planeten abgesetzt, um danach für einen langen Zeitraum zu anderen Expeditionen aufzubrechen. Als er zurückkehrte, mußte er zu seinem Entsetzen feststellen, daß sich die »Wächter« mit Menschentöchtern eingelassen hatten. Dabei waren es selbstverständlich geschulte Leute mit allem praktischen und theoretischen Wissen für eine solche Unternehmung. Trotzdem paarten sie sich gegen Befehl! Falls die »Wächter« die Primitiven mit dem genetischen Code veränderten, dann wäre ein geschlechtlicher Kontakt – und den spricht der Kommandant doch wohl an – vielleicht schon in der zweiten Generation mutierter Erdbewohner möglich gewesen. Da die Extraterrestrier durch eine andere Konstitution und biologische Möglichkeiten ungleich älter wurden als die auf der Erde angetroffenen Wesen, konnten sie auch zwei, drei oder mehr Generationen ihrer Züchtung abwarten, ehe sie sich dem ältesten Freizeitspiel aller irdischen Lebewesen hingaben. Was dem Kommandanten so sehr mißfiel. Begreiflicherweise.

KAPITEL 41   »Ich sah die Räume der Sonne und des Mondes, von wo sie ausgehen und wohin sie zurückkehren. Dann sah ich ihre herrliche Wiederkehr, wie eines vor dem andern Vortritt hat, ihre prächtige Bahn, wie sie die Bahn nicht überschreiten, ihrer Bahn nichts hinzufügen und auch nichts davon wegnehmen... Dann den unsichtbaren und sichtbaren Weg des Mondes, und er legt den Lauf seines Weges an jedem Ort bei Tag und bei Nacht zurück.«

Nikolaus Kopernikus schrieb sein Hauptwerk »Sechs Bücher über die Umläufe der Himmelskörper« 1534. Galileo Galilei entdeckte 1610 mit einem selbstgebauten Fernrohr die Phasen der Venus und die Jupitermonde. Die Schriften beider Naturforscher wurden auf den Index gesetzt. – Johannes Kepler entdeckte 1609 die beiden Gesetze der Planetenbewegung, für die er als erster eine dynamische Erklärung gab: Er ging davon aus, daß die Bewegungen der Planeten durch eine von der Sonne ausgehende Kraft verursacht wurden. – Alle diese Kenntnisse fehlten dem Vater Henoch!

KAPITEL 43   »Ich sah Blitze und die Sterne des Himmels, und wie sie alle bei ihrem Namen genannt wurden und mit einem echten Maß gewogen wurden, nach ihrer Lichtstärke, nach der Weite ihrer Räume und nach dem Tag ihres Erscheinens.«

Vorsintflutliche Erkenntnisse

Tatsächlich klassifizieren Astronomen Sterne sowohl nach ihren Namen wie nach Größenordnungen (»mit einem echten Maß gewogen«) und Helligkeiten (»nach ihrer Lichtstärke«), aber auch nach Standorten (»Weite der Räume«) und dem Tag der ersten Beobachtung (»Tag ihres Erscheinens«). – Woher denn sollte der vorsintflutliche Prophet diese Angaben haben, wenn nicht von fremden Kosmonauten?

KAPITEL 60 »Denn der Donner hat feste Gesetze für die Dauer des Schalls, die ihm bestimmt ist. Donner und Blitz sind niemals getrennt.« Bekanntlich entsteht der Donner durch die plötzliche Ausdehnung der vom Blitz erhitzten Luft und breitet sich mit Schallgeschwindigkeit (333 m/sec) aus. Der Donner *hat* feste Gesetze »für die Dauer des Schalls«. Um wie vieles früher wären Naturgesetze entdeckt worden, wenn solche Texte nicht den Bibelzensoren mißfallen hätten!

KAPITEL 69 »Dies sind die Häupter ihrer Engel und die Namen ihrer Anführer über 100, 50 und 10. Der Name des Ersten ist Jequn; das ist derjenige, welcher die Kinder der Engel verführte, sie auf das Festland herabbrachte und durch die Menschentöchter lüstern machte. Der Zweite heißt Asbeel; dieser erteilte den Kindern der Engel böse Ratschläge, daß sie ihre Leiber durch Menschentöchter verunreinigten. Der Dritte heißt Gadreel: das ist derjenige, welcher den Menschenkindern allerhand todbringende Schläge zeigte. Auch zeigte er den Menschen die Mordinstrumente, den Panzer, den Schild, das Schlachtschwert und überhaupt allerhand Instrumente. Der Vierte heißt Penemue; dieser hat den Menschenkindern das Unterscheiden von bitter und böse gezeigt und ihnen alle Geheimnisse dieser Weisheit kundgetan. Er hat auch die Menschen das Schreiben mit Tinte und Papier gelehrt. Der Fünfte heißt Kasdeja; dieser hat die Menschenkinder allerhand Schläge der Geister und Dämonen gelehrt, die Schläge des Embryos im Mutterleib, damit er abgehe, den Schlangenbiß, die Schläge durch die Mittagshitze und die Schläge der Seele.«

Henoch berichtet, was für ein Verderben die Extraterrestrier auf den Planeten brachten. Kinder wurden verführt. Menschenkinder lernten mörderische Waffen kennen. Hat Kasdeja sie auch in Abtreibungsmethoden unterwiesen (»Schläge des Embryos im Mutterleib, damit er abgehe«)? Hat er sie mit der Psychiatrie vertraut gemacht (»Schläge der Seele«)?

KAPITEL 72 »An jenem Tage geht die Sonne aus jenem zweiten Tor auf und geht im Westen unter; sie kehrt nach Osten zurück und geht im dritten Tor 31 Morgen auf und geht im Westen des Himmels unter. An jenem Tage nimmt die Nacht ab und beträgt neun Teile, und der Tag beträgt neun Teile, und die Nacht gleicht sich mit dem Tag, und das Jahr beträgt genau 364 Tage. Die Länge des Tages und der Nacht und die Kürze des Tages und der Nacht, durch den Umlauf entsteht ihr Unterschied ... Das kleine Licht betreffend, das Mond heißt. In jedem Monat ist sein Auf- und Untergang verschieden; seine Tage sind wie die Tage der Sonne, und wenn sein Licht gleichmäßig ist, beträgt sein Licht den siebten Teil vom Lichte der Sonne, und in dieser Weise geht er auf ... Die eine Hälfte von ihm ragt $1/7$ hervor, und seine ganze übrige Scheibe ist leer und lichtlos, ausgenommen $1/7$ und $1/14$ von der Hälfte seines Lichts ...«

Auf Befehl des Kommandanten notierte Henoch die Angaben wörtlich, damit sie in späteren Zeiten verstanden werden. In dem astronomischen Kompendium wimmeln über viele Seiten komplizierte Bruch- und Potenzrechnungen, die sich auf ganz unbegreifliche Weise unseren Kenntnissen annähern. – Ehe Henoch mit den Göttern im Weltall entschwindet, hämmert er seinem Sohn ein:

KAPITEL 82   »Und nun, mein Sohn Methusalem, erzähle ich Dir dies alles und schreibe es für Dich auf; ich habe Dir alles enthüllt und *Dir die Bücher, die alle diese Dinge betreffen, übergeben. Bewahre, mein Sohn Methusalem, die Bücher von Deines Vaters Hand und übergib sie den kommenden Generationen der Welt.*«

Wie »heilig« der Überlieferungsauftrag gehalten wurde, bewiesen die Kirchenväter. Sorgten sie sich, die Wahrheit käme zu früh ans Licht? Ganze magere zehn Kapitel blieben im Alten Testament der Bibel von den Schriften Esras übrig, das sogenannte »Buch Esra«. – Esra (hebräisch: die Hilfe) war jüdischer Priester und Schriftgelehrter. 458 v. d. Z. führte er die Juden aus der babylonischen Gefangenschaft in die Hauptstadt Jerusalem zurück. (Das Datum ist synchron mit den Angaben Hesekiels.) Esra verpflichtete die jüdische Gemeinde auf die Thora, die fünf Bücher Mose, das Gesetz. Außer dem kanonischen, also anerkannten Buch Esra gibt es zwei apokryphe, nicht anerkannte Esra-Bücher und das »vierte« Buch Esra, das ursprünglich hebräisch verfaßt wurde, eine Apokalypse aus dem 1. Jahrhundert nach der Zeitenwende. Von diesem vierten Buch Esra soll hier die Rede sein. Es fiel der rigorosen Zensur der Bibelkompositeure zum Opfer.

54 Im 2. Buch, Kapitel 25, erhält Moses exakte Anweisungen für den Bau der sog. Bundeslade. Moses wird gewarnt, Fehler zu begehen: »Und sieh zu, daß du alles genau nach dem Vorbild machst, das dir auf dem Berg gezeigt werden soll...« – Ich kann mir nicht vorstellen, daß der allmächtige Gott zur Aufbewahrung, seiner Gesetze eine Truhe mit sich schleppte. Da, dem biblischen Text folgend, für diese Apparatur ein »Vorbild« existierte, muß das Ganze wohl einen anderen Zweck erfüllt haben. Werden die von Moses gegebenen Bauanweisungen erfüllt, dann entsteht ein Kondensator von mehreren hundert Volt Spannung. So weiß denn auch Samuel im 2. Buch, Kapitel 6, von einer Katastrophe in Zusammenhang mit der »Bundeslade« zu berichten, die man heutzutage unschwer als elektrischen Schlag diagnostizieren würde: Als die Bundeslade umzustürzen drohte, berührte sie der Priester Ussa, er fiel tot um

Das Geheimwissen des Propheten Esra

Im vierten Buch spricht Prophet Esra über religiöse Probleme der Juden und stellt schier futuristische Spekulationen an, um dann über sein eigentliches Thema, das Geheimwissen, zu berichten, zu dem nur ein auserwählter Kreis Wissender Zugang hatte. Zuerst behauptet Esra, seine »Visionen« nächtens »im Bett« gehabt und dann sich während dieser Visionen mit »Gott« unterhalten zu haben. Setzt man auch bei dieser Lektüre eine moderne Brille auf die Nase, dann kommen einem doch arge Zweifel, ob das wirklich Visionen waren. Zu oft sind Visionen Sinnestäuschungen. Zu viele technische und mathematische Einzelheiten sind in die Visionen geraten: sie lassen sich nicht träumen. Daß er aber über wirkliche Vorgänge berichtet, »offenbart« Esra denn auch in den letzten Kapiteln des uns vorenthaltenen vierten Buches. Oft, sagt er, ist er dem »Höchsten« begegnet; er war auch mit dessen »Engeln« zusammen, die ihm die Bücher diktierten.

> »Versammle das Volk und sage zu ihnen, sie sollen Dich 40 Tage lang nicht suchen. Du aber mache Dir viele Schreibtafeln fertig, nimm zu Dir Saraja, Dabria, Selemia, Ethan und Asiel, diese fünf Männer, denn sie verstehen, schnell zu schreiben, und dann komm hierher ... Wenn Du aber damit fertig bist, so sollst du das Eine veröffentlichen, das Andere aber den Weisen im Geheimen übergeben. Morgen um diese Zeit sollst Du mit Schreiben beginnen.
> ...
> So wurden in den 40 Tagen niedergeschrieben 94 Bücher. Als aber die 40 Tage voll waren, da sprach der Höchste zu mir: die 24 Bücher die Du zuerst geschrieben hast, sollst du veröffentlichen, den Würdigen und Unwürdigen zum Lesen; die letzten 70 Bücher aber sollst Du zurückhalten und *nur den Weisen Deines Volkes übergeben.*«

Wieder also findet sich ein Beweis dafür, daß die sogenannten Götter (= Kosmonauten) ein klar definiertes Interesse daran hatten, späteren Generationen von ihrer Anwesenheit auf der Erde Kenntnis zu geben.
Diese Crew stand offensichtlich unter Zeitdruck. Vielleicht war der Rückstart aus unvorhergesehenen technischen Gründen vorzeitig angesetzt worden. Warum sonst wurden gleich fünf Männer, die schnell zu schreiben verstanden, zum Diktat befohlen?
Alle, die *glauben* möchten, der Prophet habe doch mit dem großen, allwissenden Gott (und nicht mit Astronauten) gesprochen, sind leicht aus dem Text zu widerlegen: »der Höchste« gibt Esra gegenüber unumwunden zu, daß er bestimmte Dinge selber nicht wisse:

> »Er antwortete mir und sprach: Die Zeichen, nach denen du frägst, kann ich Dir zum Teil sagen; über Dein Leben aber kann ich Dir nichts sagen, ich weiß es selber nicht.«

Dialog mit dem Höchsten

Im Gespräch mit dem »Höchsten« ereifert sich Esra über die Ungerechtigkeiten dieser Welt. Wie in anderen heiligen Schriften verspricht der »Höchste« auch hier, daß er eines fernen Tages aus dem Himmel zurückkehren werde, um dann die »Gerechten und Weisen« mitzunehmen. Zurückkehren – woher? »Gerechte und Weise« mitnehmen – wohin? Auf welchen Planeten? Es ist anzunehmen, daß die Heimatwelt der Außerirdischen einige Lichtjahre von unserem System entfernt war, weil der Kommandant (der Höchste) dem Propheten Andeutungen über die Zeitverschiebung bei interstellaren Flügen mit hoher Geschwindigkeit macht. Esra wundert sich, er versteht es (natürlich!) nicht und fragt den »Höchsten«, ob er denn nicht alle Geschlechter der Vergangenheit, Gegenwart und Zukunft auf einmal hätte erschaffen können, damit alle an der »Heimkehr« teilnehmen könnten. Es gibt da diesen Dialog:

Der Höchste: »Frage den Mutterschoß und sprich zu ihm: Wenn Du zehn Kinder bekommst, warum bekommst Du sie jedes zu seiner Zeit? Fordere ihn auf, zehn auf einmal zu zeugen.«
Esra: »Unmöglich kann er das, sondern nur jedes zu seiner Zeit.«
Der Höchste: »So habe auch ich die Erde zum Mutterschoß gemacht für die, welche, jedes zu seiner Zeit, von ihr empfangen werden. Ich habe in der Welt, welche ich erschuf, eine bestimmte Reihenfolge festgesetzt.«

Esra denkt über diese zeitlichen Konsequenzen nach; er will wissen, ob denn bei der Wiederkehr aus dem Himmel die Gestorbenen oder die Überlebenden die Glücklicheren seien. Der »Höchste« versichert lakonisch: »Die Überbleibenden sind bei weitem seliger als die Gestorbenen.«

Umweltverschmutzung

Die lapidare Antwort ist verständlich. Schon im »zweiten Gesicht« hatte der Kommandant dem Propheten gesagt, daß die Erde alt und bereits »über die Jugendkraft« hinaus sei. Unter den Gesetzen der Zeitverschiebung bei interstellaren Flügen hoher Geschwindigkeiten birgt die Antwort meines Erachtens kein Rätsel. Kommt der »Höchste« nach einigen Jahrtausenden zurück, dann kann unser Planet durch Umweltverschmutzung und industrielle Zersiedelung unbewohnbar geworden sein; Überlebende inhalieren röchelnd letzte Sauerstoffreste. Kein Wunder, daß dann die Überlebenden, die der »Höchste« auf einen anderen Planeten deportieren will, bei weitem die »Seligeren« sind.

Der »Höchste« bestätigt Esra, daß er es war, der mit Moses sprach und ihm auch Weisungen gab:

»Damals habe ich ihn [Moses] ausgesandt, habe das Volk aus Ägypten geführt und es an den Berg Sinai gebracht. Daselbst behielt ich ihn [Moses] viele Tage bei mir, ich teilte ihm viel Wunderbares mit *und zeigte ihm die Geheimnisse der Zeiten.*«

Über das Geheimnis der Zeiten gibt es in vielen Schriften Hinweise. Daniel meint in Kapitel 7/25, in der Hand Gottes würde alles »... eine Zeit und zwei Zeiten und eine halbe Zeit«. – Im Psalm 90/4 wird der Höchste mit emphatischen Worten gelobt: »... denn tausend Jahre sind vor Dir wie der Tag, der gestern verging wie eine Nachtwache...«

Das Phänomen der Zeitdilatation

Widersprüche? Unverständliches? Nein. Es ist längst wissenschaftlich erwiesen, daß bei interstellaren Flügen mit hohen Geschwindigkeiten völlig verschiedene Zeiten gelten. In einem Raumschiff, das sich knapp unter Lichtgeschwindigkeit bewegt, vergeht die Zeit viel langsamer als auf dem Startplaneten, wo sie weiter dahinrast. Durch Geschwindigkeit und Energie läßt sich Zeit manipulieren. Die Zeitdilatation, wie man die Zeitverschiebung nennt, wurde zwar erst in unserer Zeit »entdeckt«, ist aber ein »Gesetz«, wird also immer und also auch für die »Götter«, die es kannten, gültig gewesen sein. – Würde ein Raumschiff dauernd mit einem G (1 G = 9,81 m/sec^2) beschleunigt und zur Hälfte der angenommenen Strecke mit −1 G bremsen, ergäben sich zwischen der Raketenbesatzung und den zurückbleibenden Erdbewohnern diese Zeitverschiebungen:

Jahre für die Raketenbesatzung	Jahre für die zurückbleibenden Erdenbewohner
1	1,0
2	2,1
5	6,5
10	24
15	80
20	270
25	910
30	3 100
35	10 600
40	36 000
45	121 000
50	420 000

Diese Tabelle aus Meyers »Handbuch über das Weltall« beweist, daß sich die enormen Zeitverschiebungen zwischen Raketenbesatzung und Startplaneten erst bei längerer Reisedauer auswirken. Die Auswirkungen sind allerdings phantastisch: Für die Besatzung des mit einem G beschleunigten Raumschiffes vergehen läppische 40 Jahre, während auf der Erde 36 000 Jahre dahinkriechen. Mit diesem Wissen ausgestattet, wird es verständlich, warum die »Götter«, mit Menschen verglichen, »unsterblich« scheinen. Ist es unter diesem Gesetz nicht möglich, daß die Propheten des Alten Testaments, Elias, Moses, Esra, für ihre Erdendienste von den »Göttern« in einem Raumschiff mitgenommen, heute noch leben? Auf diese Rückkehr dürfte man gespannt sein. In meiner Agenda ist immer Platz für ein Informationsgespräch mit Vater Moses. Was aber, frage ich im Ernst, könnten wir in den Geheimbibliotheken *noch* alles erfahren? So endet das vierte, uns vorenthaltene Buch Esra:

Damals ist Esra entrückt und an die Stätte seiner Genossen aufgenommen worden, nachdem er dies alles geschrieben. Er heißt *der Schreiber der Wissenschaft des Höchsten.*

Unter der Chiffre »Akbar-Ezzeman MS« ist in der Bodleian-Bibliothek in Oxford ein Manuskript des koptischen Schriftstellers Abu'l Hassan Ma'sudi einzusehen. Darin heißt es:

Surid, ein König Ägyptens *vor der großen Flut,* ließ zwei Pyramiden bauen. Er befahl seinen Priestern, darin die Erkenntnisse der Wissenschaften und Weisheiten zu hinterlegen. In der großen Pyramide wurden die Angaben über die himmlischen Sphären und Figuren hinterlegt, welche die Sterne und Planeten, die Positionen und Zyklen, aber auch die Grundlagen der Mathematik und Geometrie darstellen. Damit diese für die Nachfahren, welche die Zeichen lesen können, für immer erhalten bleiben.

Rätsel der Pyramiden

Uns wird gesagt, König Djoser aus der 3. Dynastie habe etwa 2700 Jahre v. d. Z. mit dem Bau von Stufenpyramiden bei Sakkara begonnen. – Ist der Bau der Pyramiden falsch datiert? Sind sie ungleich älter, als die Archäologie annimmt? Solche Vermutungen haben eine Berechtigung. Nicht nur Abu'l Hassan Ma'sudi behauptet, die Pyramiden seien *vor der großen Flut* gebaut worden. Herodot (484–425 v. d. Z.), der älteste griechische Historiker, den Cicero (106–43 v. d. Z.) »Vater der Geschichts-

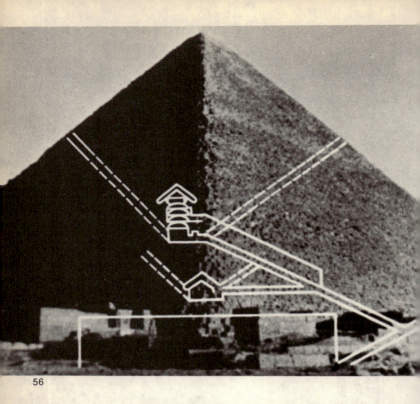

56

schreibung« nennt, behauptet im zweiten Buch seiner »Histories Apodexis« (Darlegung der Erkundung) in den Kapiteln 141 und 142, die Priester von Theben hätten ihm versichert, daß das hohepriesterliche Amt seit 11 340 Jahren vom Vater auf den Sohn übertragen würde. Diese Aussage belegten die Priester dem Geschichtsschreiber Herodot, indem sie ihm 341 Kolossalstatuen zeigten, deren jede eine hohepriesterliche Generation repräsentierte, und – so versicherten die Gastgeber – vor 341 Generationen hätten die Götter unter den Menschen gelebt, danach allerdings sei kein Gott in Menschengestalt wieder erschienen. Tatsächlich ist bis heute der Zeitpunkt des Baus der großen Pyramiden nicht unumstößlich nachgewiesen.

Der Elektroniker Erich McLuhan, Sohn von Marshall McLuhan (Die Gutenberg-Galaxis), erklärte in Toronto, in den Pyramiden seien unbekannte Kräfte, wahrscheinlich Gravitationskräfte, heute noch wirksam.

In seinem Haus in London (Ontario, Kanada) hat er eine rote Pyramide aus Plexiglas von 18 Zoll Höhe in den Maßstäben der klassischen Pyramide aufgestellt. Im Innern ist ein einfaches Gestell befestigt; darauf liegt, etwa in der Mitte, ein saftiges Rindssteak, daneben eine Rasierklinge. Das Steak liegt dort schon 20 Tage – aber es verwest und stinkt nicht; als er die Klinge deponierte, war sie stumpf vom Rasieren – nach zwei Wochen ist sie scharf. Mitarbeiter McLuhans haben auf diese einfache Weise im Laufe der Zeit einige 100 Eier und 60 Pfund Steak mumifiziert. Die Forscher sagen, jeder könne es nachvollziehen, wenn man eine Pyramide in den Winkelbeziehungen zur großen Pyramide von Gizeh baue, die Höhe der Pyramide durch drei teile und die stumpfe Rasierklinge exakt in der Nord-Süd-Achse auf die Höhe des unteren Drittels lege. In Kanada sind Plexiglaspyramiden in richtigen Dimensionen im Handel erhältlich! (Evering Associates, 43 Eglinton Avenue East, Toronto. Preis: 3 $) – Die Universität Kairo baute mit amerikanischer Hilfe im Innern der Chephren-Pyramide einen hochempfindlichen Strahlendetektor ein, der an einen Computer angeschlossen wurde. Der Detektor sollte kosmische Partikel registrieren, der Computer sie aufzeichnen. Kosmische Partikel, die Hohlräume durchlaufen, erreichen das Ziel schneller als Strahlen, die Gemäuer durchdringen müssen. Der Computer lieferte irre Daten. 1972 wiederholte man den Versuch. Ergebnislos. Dr. Amr Gohed, Leiter des Experiments, sagte der TIMES: »Wissenschaftlich ist die Sache unmöglich. Was im Innern der Pyramide vor sich geht, widerspricht allen bekannten Gesetzen der Physik und unserer Elektronik!«

Abu Simbel geliftet

Bei Abu Simbel, oberägyptische Stadt am Nil, ließ König Ramses II. (1290–1224 v. d. Z.) zwei Tempel errichten. Der größere der beiden Tempel ist mit vier über 20 m hohen Kolossalstatuen des Königs geschmückt. Durch den Bau des Assuan-Staudammes mußten die Tempel vor den Überflutungen des Nils gerettet werden. In einer internationalen Kraftanstrengung westlicher Industrieländer, unter Beteiligung der UNESCO, wurden Tempel und Statuen ab 1964 um 60 m über ihren alten Standort gehoben. Jahre der Diskussion über die Lösung der hier anstehenden technischen Probleme gingen voraus. Ein Park modernster Maschinen stand zur Verfügung, trotzdem mußten für den Transport der Steingiganten Apparate ad hoc gebaut werden. Mit Schrämmaschinen wurden die Statuen in Teile zerlegt, weil sie en bloc auch mit dem größten Kran der Welt nicht gelupft, geschweige denn 60 m hoch gehoben werden konnten. Numeriert wurden die zersägten Felsbrocken in einem Riesenpuzzle

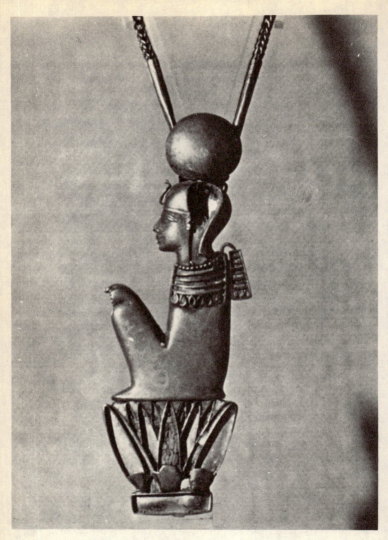

57 Gewisses weiß man nicht. Stellt diese 7,2 cm hohe Goldfigur Ramses II. dar? Gewiß aber ist, daß eine Kugel auf erlauchten Häuptern immer die Sonne verkörpert. Ungewiß wiederum ist, was stets die antennenähnlichen Aufsätze bedeuten. Symbolisieren sie einen früheren Kontakt der Herrschenden mit dem Weltall?

hoch über dem Nil wieder zusammengefügt. Wer während des »Umzugs« die Massierung modernster Technik gesehen hat, fragt sich: Wie haben nur die alten Ägypter diese Bauwerke ohne die Technik des 20. Jahrhunderts zustande gebracht? Zwar wurden die Statuen »damals« an Ort und Stelle aus dem Granitstein gehauen, wie aber wurden die Memnon-Statuen bei Theben mit 600 Tonnen Gewicht transportiert, wie die Steinblöcke der Terrasse von Baalbek, von denen einige über 20 m lang sind und 2000 Tonnen wiegen? Preisfrage: Wer mag heute noch die »seriöse« Erklärung der Archäologie abnehmen, Tempelbauer und Steinmetzen hätten diese Felsblöcke auf schiefen Ebenen mittels Holzrollen fortbewegt? Die Quaderseiten sind so plan gearbeitet, daß sie ohne Mörtel aneinander gefügt wurden. An den Arbeitsstellen müßte es massenhaft Abfall geben. Wenig wurde gefunden. Genial. Warum baute man nicht in der Nähe der Granitsteinbrüche? Auf solche Fragen bekomme ich keine Antwort. Darum: Kann es sein, daß Extraterrestrier mit ihrer hochentwickelten Technik halfen? Warum aber machten sich fremde Raumfahrer diese Mühen? Wollten sie genau den Effekt provozieren, daß sich Kinder späterer Jahrtausende Fragen stellen, wie ich sie zu stellen wage? (Bild 118/119).

58

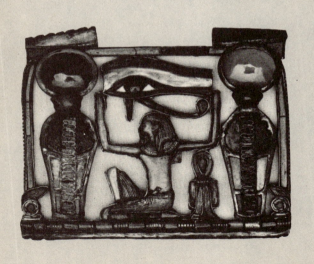

62

60 Stele des Naram-Sin, 2300 v. d. Z. – Zu allen Zeiten gab es nur eine Sonne. Zu was für einer zweiten Sonne am Firmament schauen die Betrachter empor?

58 Die Archäologie sagt: auf diesem Schrein stützen Wächtergöttinnen der vier Himmelsrichtungen einen Skarabäus. – Ich frage mich, ob nicht in dieser und ähnlichen Darstellungen eine Verballhornung überlieferten technischen Wissens zu erkennen ist

59 Das Auge des Horus wacht! – Einstmals war Horus anwesend, aber er entschwand im All. Als Erinnerung geblieben sind die altägyptischen grafischen Darstellungen seines allgegenwärtigen »Fernsehauges«, wie es – ein Beispiel für viele – diese »Figur der Ewigkeit« aus dem Grabe des Tut-anch-Amun zeigt

Botschaften durch Felsmalereien

Professor Dr. Herbert Kühn, Mainz, schrieb: »Bevor die Menschheit die Schrift erfand, hat sie das, was sie dachte, was sie wünschte, was sie von der Gottheit erflehte, auf die Felsen gemalt. Diese Felsen haben die Ursprache der Menschheit erhalten bis heute.« Und: »Das Überraschende der Bilder und das, was immer wieder für sie einnimmt, ist die Flüssigkeit der Formgebung, die Sicherheit der Strichführung, die Klarheit der Gestaltung, die Mächtigkeit der Anschauung und die gewandte Gruppierung der Größenverhältnisse.« – In diesen beiden grundsätzlichen Feststellungen stimme ich mit Professor Kühn, der 1923 mit seinem Buch »Die Kunst der Primitiven« als erster auf die Kunst der Naturvölker aufmerksam machte, überein. Mit seinen Erklärungen für den Sinngehalt der Felsbilder trennen sich unsere Wege. – Es wurden Felsbilder, Petroglyphen, Gravierungen und Reliefs auf felsigem Untergrund aus der Steinzeit entdeckt. Gerade bei uns in Mitteleuropa fand man Höhlenzeichnungen aus der Altsteinzeit, dem ältesten Abschnitt der Menschheitsgeschichte, der mit dem Auftreten des Menschen am Ende des Tertiärs beginnt und bis 10 000 v. d. Z. dauert. Im Freien blieben altsteinzeitliche Felsbilder als Reliefs erhalten, wie dort auch Malereien und Gravierungen fast nur aus der nachpaläolithischen Zeit zu finden sind. Ostspanien, Südafrika und Sibirien besitzen die ältesten Felszeichnungen der Mittelsteinzeit. Zahlreicher sind die Funde aus der Jungsteinzeit, aus der Bronze- und Eisenzeit, die aber auch noch ins 2. und 1. Jahrtausend v. d. Z. zu datieren sind. Henri Lhote, der die Felsbilder der Sahara erforschte, ist überzeugt, daß die ältesten zwischen 8000 und 6000 v. d. Z. entstanden sind.

Gleiche Motive – rund um die Welt

Geradezu ungeheuerliche vorzeitliche Darstellungen sind an nahezu unerreichbaren Orten zu finden – während der Eiszeit in entlegenen Höhlen, später auf den höchsten Graten der Berge, wo sich keine Menschen beschwerlich bewegten. Die steinzeitlichen Künstler werkelten und malten rings um den Globus. Die Malereien sind – wie heute gemacht – mit Pinsel und Farbstift ausgeführt. Als Farben wurden Mineralien (Ocker, Braunstein, Feldspat) und Holzkohle genommen. Vor allem Rot, danach Schwarz und Weiß sind die häufigsten Farbtöne. Die Gravierungen wurden in der Steinzeit mit Feuersteinwerkzeugen ausgeführt, geritzt oder gehämmert. Ob aber Malereien oder Gravierungen, immer und überall tauchen die gleichen »Motive« auf: Götter mit Heiligenscheinen und Helmen, mit Kleidung, die den Overalls heutiger Astronauten ähnlich ist, mit Attributen, in denen *wir* unschwer Antennen zu erkennen vermögen. – Wären es Einzelfälle in einem Radius von 2000 oder 5000 km, dann könnten es auch Zufälle sein, und man müßte es kommentarlos hinnehmen. Doch man findet die nämlichen Motive auf allen Kontinenten, durch Ozeane getrennt, in Frankreich, Italien und Nordamerika, in Südrhodesien und in Peru, in Chile, Mexiko, Brasilien und Australien, in Rußland und in der Sahara. Mit Fleiß und Bedacht lese ich Erklärungen über Sinn und Bedeutung der Bilder. Die Erklärungen befriedigen weder meine Wißbegier noch meinen Verstand. Ich komme mir vor wie im Religionsunterricht, ich soll an Erklärungen *glauben*, weil sie nicht überzeugen können. Das *muß man* so sehen und verstehen, heißt es, denn anders *darf* man es nicht interpretieren. Warum *muß* man? Warum *darf* man nicht anders? »Zweifellos fand eine parallel laufende Entwicklung der verschiedenen paläolithischen, mesolithischen und neolithischen Stufen in Indien, Europa und Afrika statt«, schreibt Marcel Brion in »Die frühen Kulturen der Welt«. Zweifellos, aber wie?

Naturalisten und keine Vorbilder!

Man sagt, die vorzeitlichen Künstler wären Naturalisten gewesen. Kein Widerspruch. Tiere, die sie abbildeten, hatten sie auch gesehen. Woher aber haben dann die steinzeitlichen Naturalisten, die etwa in der Sahara ihr Atelier hatten, Vorlagen für Darstellungen schwebender Wesen in Raumfahreranzügen mit absolut modernen Verschlüssen, mit breiten Bändern an den Gelenken, genommen? Naturalisten gestalten der Natur nach, sie haben quasi keine Phantasie. – Auch müsse man, heißt es, die Zeichnungen psychologisch betrachten: Die Höhlenmaler hätten Pilze gegessen, wären in einen Drogenrausch gefallen, und darin hätten sie irreale Vorstellungen gehabt. Ausgenüchtert hätten sie dann die phantastischen Gestalten an die Wände gekritzelt. Ich fürchte, solche Erklärungen sind unhaltbarer als meine Spekulationen. Ich denke praktischer. Ich bemühe auch die Tiefenpsychologie nicht. Ich sage mir: Wenn ein Höhlenbewohner, allenfalls mit Fellen bekleidet, Gestalten in unbekannten Anzügen und mit Helmen auf dem Kopf darstellt, dann muß er solche Wesen gesehen haben. Keine Droge – keine Phantasie – keine Männchen. Keine Vorbilder – kein Naturalismus. – Es heißt ferner, die Felsmalereien würden Ritualembleme und Jagdszenen darstellen. Eine achtbare Deutung, solange man andere Lösungen ausschließt. Die Behauptung, es gäbe für Prähistoriker keinen Grund, die ehemalige Anwesenheit von Extraterrestriern in der Entwicklungsgeschichte vorzusehen, ist schlicht unwissenschaftlich.

Jede Wissenschaft muß bestrebt sein, so nahe wie möglich an die Wahrheit heranzukommen. Das kann sie nur, wenn sie unsichere Positionen in Frage stellt und auch das anfänglich Undenkbare in ihre Untersuchungen einbezieht. Man hält mir vor, daß ich »feststehende Tatsachen« aus dem Bereich der Prähistorie ignoriere. Was sind das für »Tatsachen«? Jede neuentdeckte Felszeichnung wird so lange »gedeutet«, bis sie ins bewährte Schema paßt. Exakte Datierungen gibt es nicht, weil in Höhlen gefundene Knochen- und Holzkohlenreste nichts aussagen, sie müssen nicht aus der Zeit der Höhlenmaler stammen. Bisherige Datierungen sind Vermutungen. – Im gleichen Augenblick, in dem Prähistoriker und Archäologen die Anweseheit des nachgewiesenen Raumschiffes um 593 v. d. Z. (Hesekiel!) akzeptieren, erhellt sich das Dunkel, das über die weltweiten Felsmalereien mit den gleichartigen Motiven ausgebreitet ist. Fremde Kosmonauten hatten Kontakt mit den Menschen ihrer Epoche in aller Welt. Sie wurden von Steinzeitmenschen *gesehen*, *beobachtet* und *dargestellt*. Henri Lhote, der in einer wilden Kluft in der Sahara an einem Felsüberhang die fast sechs Meter hohe Figur eines Menschen entdeckte, schreibt: »Die Umrisse sind einfach und kunstlos, der runde Kopf, bei dem als einzige Besonderheit ein doppeltes Oval in der Mitte des Gesichts angedeutet ist, erinnert an das Bild, das wir uns gewöhnlich von Marsmenschen machen. Marsmenschen ... Sollten ›Marsmenschen‹ wirklich in die Sahara gekommen sein, dann nur vor Jahrtausenden, denn die Malereien der Rundköpfe im Tassili sind, soweit wir wissen, die allerältesten.« – Und nun mögen die Bilder für sich selbst sprechen.

61 Im Tassili Gebirge (Sahara) entdeckte Henri Lhote eine ganze Gemäldegalerie astronautisch anmutender Gestalten. Man beachte die Verstärkungsbänder an Ellbogen und Knien, die diagonalen Bänder um die Brust, sowie die Gürtel und Helme

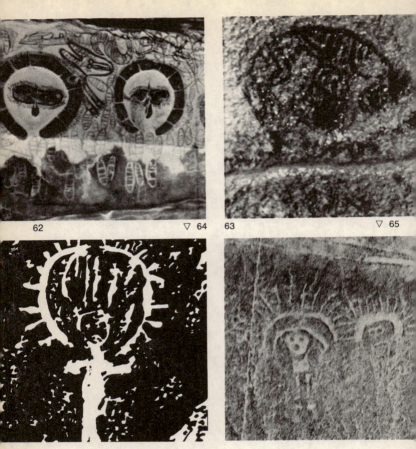

62 In den Kimberley Ranges in Australien...
63 Im Tassili-Gebirge in der Sahara...
64 Bei Fergana in Rußland...
65 Auf der Ebene von Nazca, Peru...

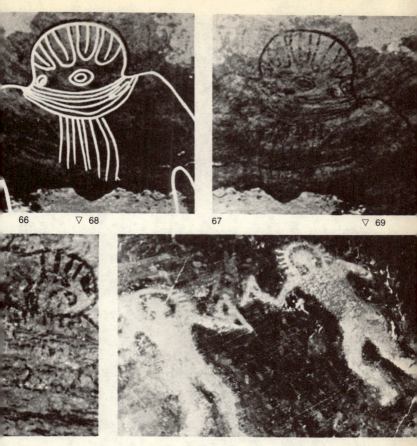

66–67 In der Sahara (Der »Große Marsgott«, rechts im Original, links mit Linien verdeutlicht)...

68 Auf einer Felszeichnung aus der Nachbarschaft...

69 ...und in Val Camonica, Italien, begegnen uns trotz der vielen tausend Kilometer Zwischenräume Felszeichnungen von frappanter Ähnlichkeit, und jede von ihnen hätte den Forscher Henri Lhote zu der Namensgebung »Großer Marsgott« animieren können

70–71 Dieser Astronaut an der Felswand im Tassili-Gebirge wie das astronautische Geschehen auf einer Felsmalerei bei Fergana, Rußland, werden »psychologisch« erklärt oder als »Abbilder der Natur« interpretiert. Was erkennen hier Augen, die die ersten Astronauten und die ersten Mondfahrten beobachteten?

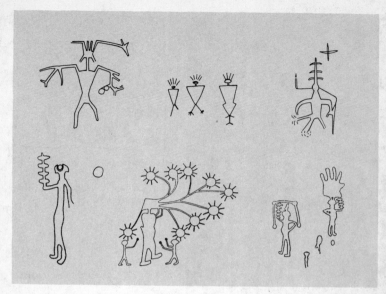

72 Der »Sternbläser«, eine Petroglyphe bei den Hopi-Indianern

Indianerpfade

Die Jagdgründe der Hopi-Indianer aus der großen Pueblo-Gruppe liegen in Arizona und Neumexiko, USA. – Hopis, von denen heute noch etwa 8000 leben, bewahrten in ihren Reservaten uralte Riten und Bräuche wie die mündlich überlieferten Legenden. In ihren Reservaten wimmelt es von »steinalten« Felszeichnungen. Der derzeitige Stammeshäuptling White Bear kann die meisten Felszeichnungen noch deuten. Da sich ähnliche Felszeichnungen rund um die Welt befinden, könnte das Wissen von White Bear sehr wichtig für die Deutung des bisher Ungedeuteten sein, aber der Häuptling gibt sein Geheimnis nicht preis, nur im engsten Clan wird es bewahrt und weitergegeben. – Die Legende der Hopis sagt, die Vorfahren seien aus dem »unendlichen Weltenraum« gekommen und hätten verschiedene Welten berührt, ehe sie auf der Erde anlangten. Folgt man den Überlieferungen der Hopis, dann sind alles die roten Felszeichnungen, auf die wir stoßen, nichts anderes als früheste Wegweiser von Stammesgenossen für Stammesgenossen, die irgendwann die Gegend passierten und späteren Geschlechtern Mitteilungen gaben.

74 Australische Urgötter, die »Zwei Schöpferwesen« genannt. Zu beachten sind die an Gurten befestigten Kästen auf der Brust

◁ 73 Eine zweifarbige Felsmalerei aus Neuseeland. Zu beachten sind die Strahlenbündel, die aus dem Kopf schießen. So wird seit Urzeiten die Verbindung der Irdischen mit den Himmlischen dargestellt

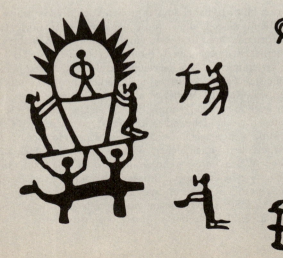

76 So stellen die australischen Ureinwohner – hier an einem Felsen bei Port Headland – ihre frühesten Gottheiten dar

◁ 75 »Hat der tödliche Hauch des Himmelstieres dich getroffen?« fragt Gilgamesch seinen Freund Enkidu. Im indischen Mahabharata lesen wir, alles sei »vom giftigen Hauch des Gottes« getroffen worden. Wußte der steinzeitliche Künstler dieser Felszeichnung bei Navoy, Rußland, von einem solchen Ereignis? Versah er deshalb die Wesen im tödlichen Bereich des giftigen Hauches der Gottheit mit Schutzmasken?

77 Ungedeutetes Felsrelief mit einer Sonne und konzentrischen Kreisen bei Paraiba, Brasilien

78 Unbekannte Sternkonstellationen auf einer Steingravüre bei Lagoa Santa (Minas Gerais, Brasilien)

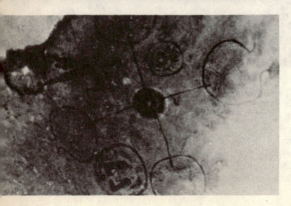

79 Unerklärbare grafische Darstellungen auf einer Felszeichnung aus dem Tassili, Sahara

80 Fliegendes Objekt an einem Felsen bei Sete Cidades, Brasilien

81 Bei Goiania, Brasilien: bemerkenswert die zarte Gravüre – ein Gott mit Strahlenkranz

82 Auch die Indianer von Sete Cidades stilisierten Sterne, die sie mit bloßem Auge doch nur als Lichtpunkte am Himmel sahen

83–84 Südlich von Rio de Janeiro liegt der Pedra de Gávea. Jeder Tourist erkennt an der Bergspitze Gesicht und Körper einer kauernden Sphinx. Wie es Sphinxe so an sich haben, umgibt sich auch diese mit Rätseln. Ernsthafte Leute sagen, die Umrisse der Sphinx wären durch natürliche Erosionen entstanden, die seltsame Gestalt sei demnach eine Spielerei der einfallsreichen Natur. Nicht weniger ernsthafte Leute meinen, sie wäre auf künstliche Weise in die Bergkuppe geschlagen worden. Sie begründen ihre Ansicht mit der Tatsache, daß entlang den Körperlinien der Sphinx Schriftzeichen zu erkennen sind, die der amerikanische Professor Cyrus Gordeon als phönizische Schriftzeichen identifizierte. – Ich umflog zweimal mit einem Armeehelikopter den Pedra de Gávea, wir landeten auf dem Gipfel, ich stand auf dem Plateau mit den eingeritzten sieben Kreisen. Ich konnte mich weder für die eine noch die andere Auslegung entscheiden. Stutzig machen müssen allerdings einige andere Funde auf und an diesem Berg…

86–87 Von diesen rätselhaften Petroglyphen behauptet nun niemand mehr, daß sie auf natürliche Weise entstanden wären. Wem sollten sie etwas sagen? Wem sagten sie etwas? Waren es Signale oder Mitteilungen für die Außerirdischen?

◁ 85 Dieser Riesenfuß, von Eduardo Chaves entdeckt, gedeiht seit Jahrtausenden im Gestrüpp am Pedra de Gávea. Mein Freund Eduardo spürt seit Jahren Kuriositäten in den Gebirgen um Rio de Janeiro auf.
Für Interessierte seine Anschrift: Caixa Postal 24056–ZC–09, 20.000 Rio de Janeiro – Guonabora

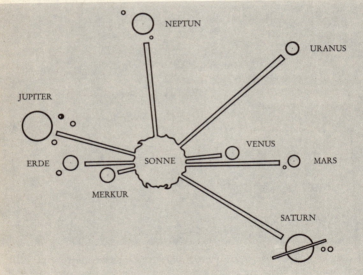

88–89 Eine außerordentliche Felszeichnung wurde in den Höhlen von Varzelândia, Brasilien, entdeckt. In den richtigen Relationen zur Sonne sind acht von neun Planeten unseres Systems eingezeichnet – Beweise eines astronomischen Wissens, über das steinzeitliche Künstler nicht verfügten. Wer waren ihre Lehrmeister?

90–91 Riesige Roboter-Steinköpfe im Olmekenpark von Villahermosa, Mexiko ▷

90

▽ 91

81

92–93 Nach der Überlieferung der Rapanuis waren die Urgötter der Osterinsel fliegende Wesen. An den Küstenfelsen sind denn auch deren Konterfeis heute noch in gewaltigen Steinmetzarbeiten zu bewundern: sie vermitteln einen Eindruck von der Vorstellung, die sich die Ureinwohner von ihren Göttern machten

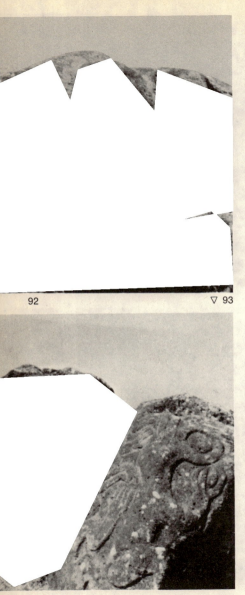

92 ▽ 93

Gott und Götter

Ich fragte Altphilologen, woher das Wort Gott stamme. Falls meine gelehrten Freunde das Wort über hebräische und aramäische Niederschriften hinaus in die Frühzeit verifizierten, sagten sie mir, daß es zu Beginn aller Schrift den Singular »Gott« überhaupt nicht gegeben habe, erste mythologische Überlieferungen sprächen ausschließlich im Plural – von »den Göttern«, und sinngemäß wäre dieser Urbegriff etwa mit »die in den Wolken Kreisenden« übersetzbar. Wer kreiste in Urzeiten in den Wolken? Warum wird die Frage nach Herkunft und Abkunft des Menschen immer ungestümer gestellt? Weil uns mit den bisherigen Antworten zu wenig Überzeugendes angeboten wird, weil man unseren Glauben strapaziert, statt uns mit Wissen zu bedienen. Es will uns nicht mehr einleuchten, daß Gott oder Götter sich um die kleinen täglichen Sorgen unserer Vorvorderen kümmerten... sofern Gott oder Götter jene allmächtigen, über allem stehende Erscheinungen gewesen sind, als die man sie uns vorstellt. Wenn diese immer nur zeitweilig auf der Erde weilten, aber nicht Wirklichkeit waren, wie konnten sie dann, wie berichtet wird, den Vorfahren Anweisungen für den Ackerbau oder Rezepte für die Metallherstellung und -verarbeitung an Hand geben? Wenn Gott oder Götter nicht sichtbar gewesen sind, wie kamen denn dann seit eh und je deren Darstellungen zustande? Konnten Primitive etwas darstellen, was sie nicht gesehen hatten? Wie denn konnten sie die Unvorstellbaren figürlich vorstellen? War es ein gieriges Verlangen, den Unvorstellbaren zu begegnen, das schließlich deren Konterfeis aus Phantasmagorien entstehen ließ? Ich denke das kaum, weil schon die frühesten Götterdarstellungen menschenähnliche Figuren zeigten. Hat der Urmensch sein oder seines Nachbarn (stilisiertes) Abbild für »Gott« gehalten? Er erlebte Geburt und Tod, die Götter aber waren für ihn unsterblich. Phantasiegötter, die es dann hätten sein müssen, würden sich nicht über Jahrtausende im Bewußtsein gehalten haben. Nein, die in den Wolken Kreisenden waren temporäre Besucher von fremden Sternen. Damit wäre auch plausibel erklärt, warum sich Kulturen und Zivilisationen in Intervallen von Jahrtausenden jeweils überall ruckartig entwickelten. – Ich halte es mit Teilhard de Chardin, der schrieb: »Die Religion von morgen könnte eine schöne Sache sein. Sie sollte Vertrauen zur Wissenschaft haben.«

94 Eine Götterdarstellung aus der späten Paracas-Epoche, Peru

95   96   97

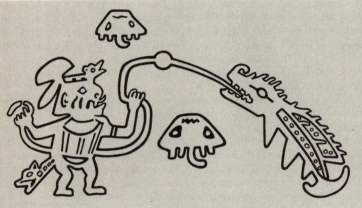

98   Diese Stilisierung einer Darstellung aus dem Museum für Völkerkunde, Hamburg, zeigt einen Indianer, der mit einem fliegenden Drachen Kontakt hat. Die roboterähnlichen Gehäuse, die im Hintergrund lauern, tauchen in Mythen als »Wesen, die weder Mehl essen noch Wasser trinken« auf

95–97   In der Archäologie sind die drei prähistorischen Figürchen unter diesen Bezeichnungen bekannt: »Mann mit Welskopf« – »Venus von Willendorf« – »Viergesichtiges Sonnensymbol«. Alle drei gelten als Muttergöttinnen, sind älter als 10 000 Jahre, versinnbildlichen den Ursprung der Intelligenz. Die deformierten Köpfe – den Felszeichnungen verwandt – deuten eine nichtmenschliche Herkunft an

Entdeckungen eines Fliegers in Chile

Der chilenische Luftwaffengeneral Eduardo Jensen versetzte die Archäologen in den letzten Jahren einige Male in Erstaunen. Aktiver Flieger, fotografierte er an Chiles Berghängen lauter Figuren. Von Mollende in Peru bis hinunter zur chilenischen Provinz Antofagasta fand man riesige Markierungen an Schrägwänden, Kreise mit nach innen gerichteten Strahlen, Ovale, die mit Schachbrettmustern gefüllt sind, Rechtecke, Pfeile. Über der Wüste von Taratacar im Norden Chiles sieht man die 100 m hohe stilisierte Figur eines Mannes, ein Roboter. Das Wesen ist viereckig, die Beine sind gerade, auf dem dünnen Hals sitzt ein quadratischer Kopf, aus dem zwölf Antennen ragen. Von den Hüften ausgehend, sind links und rechts am Körper bis zum Rumpfende Flugflossen angesetzt. Der General entdeckte derweil eine weitere prähistorische Figur von 121 m Höhe. Ich zeige sie auf dem nebenstehenden Bild. Die Arme sind angewinkelt, am linken Ellenbogen scheint sich ein Äffchen festzuklemmen. Von der linken Schulter führt ein leicht eingeknickter, sich verbreiternder Stab. Zweck, Sinn und Alter der Gestalt? Fragezeichen. Vorerst hat sie die Archäologie unter »Kultsymbole« katalogisiert. Ein bißchen groß geraten, ziemlich hoch angebracht und sehr entlegen. Wer sollte die Roboter denn sehen?

100, 101, 103 Diese Maya-Reliefs, Mexiko, werden als »Bienengötter« bezeichnet. Ich kann keinen Bezug zu Bienen ausmachen. Mit gespreizt aufgestützten Armen liegen Wesen auf dem Bauch, in deren Hände man am liebsten einen Steuerknüppel geben würde. Die beschuhten Füße (103) liegen auf gefederten Stelzenbeinen mit großen Auflagetellern

102 Die Stele von Santa Lucía Cotzmalhuapa, Guatemala, übermittelt unten rechts eine Figur, die wie ein moderner Raumfahrer gekleidet ist – oben stützt sich ein »Bienengott« auf die Sonne!

Die Halbinsel Yukatan liegt im nördlichen Zentralamerika zwischen dem Golf von Campeche und dem Karibischen Meer. Nach der Eroberung durch die Spanier veranstaltete der Bischof Seiner Allerchristlichen Majestät Diego de Landa im Jahre 1672 in der Stadt Mani ein riesiges Autodafé: eine unbekannte Anzahl von alten Maya-Handschriften wurde verbrannt, ein Stück unwiederbringlichen Kulturgutes. In seinem Buch »Relacion de las cosas de Yukatan« brüstet sich Bischof Landa im 41. Kapitel auch noch dieser ruchlosen Tat:

> »Wir fanden viele Bücher aus ihren Buchstaben und Zeichnungen, doch sie enthielten nichts, nur Aberglaube, Falschheiten und Böses. Deshalb verbrannten wir sie alle, was sie schwer bedauerten und ihnen offenbar sehr wehe tat.«

Eine Maya-Legende weiß zu berichten, daß es schon vor 10 000 Jahren eine in hoher Blüte stehende Kultur gab. Mag auch die Archäologie diese frühe Datierung durch ihre bisher spärlichen »Enthüllungen« in Frage stellen, messe ich doch solchen Fixierungen große Bedeutung zu, solange man nicht einmal erklären kann, woher das Volk der Maya kam und wo es hinging, denn: die Maya-Städte, das ist bewiesen, wurden weder durch Kriege noch Naturkatastrophen zerstört, sie wurden von den Bewohnern verlassen. Spurlos verschwanden die Maya. Warum gaben sie ihre herrlichen Städte, die in mächtigen Felsblöcken »auf Dauer« errichtet waren, auf? Sie waren keine Nomaden. *Erwiesen* ist, daß die sogenannte vorklassische Epoche bis ins zweite Jahrtausend v. d. Z. zurückreichte – aber, und das gibt man zu, das eigentliche Archaikum, das der vor-

102   ▽ 103

klassischen Epoche vorausging, ist archäologisch nicht mehr zu erfassen. Mit größter Wahrscheinlichkeit standen all die heute fehlenden historischen Angaben in den Büchern, die Bischof de Landa verbrannte.

Maya-Codices

Die Bücherverbrennung überdauerten lediglich drei Maya-Handschriften, die sogenannten Codices. Sie wuren aus der Rinde eines Feigenbaumes angefertigt und wie ein Leporello-Album gefaltet. Diese Fragmente sind nach ihren derzeitigen Aufbewahrungsorten benannt: »Codex Dresdensis«, »Codex Paris« und »Codex Madrid«, auch »Tro-Cortesianus« genannt. – Die in vergilbten Farben erhaltenen Glyphen sind erst zum geringsten Teil gedeutet. Einwandfrei entziffert wurden die Zahlenangaben eines genial einfachen Systems: es wird in Querstrichen, auf denen Punkte stehen, gerechnet. Ein Punkt entspricht der Zahl 1, drei Punkte der Zahl 3; die Zahl 5 wurde in einem Querstrich ausgedrückt, die Zahl 7 also mit einem Querstrich und zwei Punkten darüber. Die Zahl 17 stellt sich in drei Querstrichen und zwei aufgesetzten Punkten dar. Den Maya war sogar der Stellenwert und die Null bekannt. Sie hatten das Zwanziger- oder Vigesimalsystem. Sie multiplizierten mit 20. Wollten sie die Zahl 23 ausdrücken, dann kammen drei Punkte in die Einerstelle und ein Querstrich in die Zwanzigerstelle. Der Zwanziger-Querstrich war vom Fünfer-Querstrich leicht zu unterscheiden: die Zahlenstriche höherer Werte wurden in einem deutlichen Abstand über die Fünferstriche gezeichnet. – Unvorstellbar ist der Rang, den die Maya mit ihrem Kalenderwesen erreichten. Fixpunkt ihrer Zeitrechnung ist ein Tag im Jahre 3113 vor unserer Zeitrechnung. Amerikanisten behaupten, dieses geheimnisvolle Jahr 3113 habe nichts mit der wirklichen Geschichte der Maya zu tun, es habe lediglich einen »symbolischen Wert« wie etwa die jüdische Metapher »seit Erschaffung der Welt«. Wer kann das mit letzter Sicherheit behaupten, da wir nicht wissen, woher die Maya kamen und wohin sie verschwanden? – Über den Maya-Kalender ist viel geschrieben worden. Tatsache ist, daß er mit Jahreszyklen operierte, die sich nur alle 374 000 Jahre wiederholt haben sollen. Bauwerke sind nach dem Kalender ausgerichtet: für jeden Tag des Monats eine Stufe, für jeden Monat eine Plattform, und an der Spitze, am 365sten Tag, erhebt sich der Tempel. Fast scheint es, als hätten die Maya des Alten Reiches ihre Tempel nicht gebaut, weil heiliger Eifer sie antrieb, sondern weil der Kalender sie zu einer Soll-Erfüllung zwang. – In Chichén Itzá stand das Observatorium der Astronomen: ein runder Bau über zwei mächtigen Terrassen, die weit über den Urwald hinausragten. Die Astronomen kannten die Umlaufbahn des Mondes mit vier

Kommastellen genau, selbst das Venusjahr war ihnen bis auf drei Stellen nach dem Komma vertraut. – Die Maya-Ur-Götter kamen von den Sternen, kommunizierten mit den Sternen und kehrten, der Legende folgend, zu ihnen zurück. Im »Popol Vuh«, dem Schöpfungsmythos der Quiché-Maya-Stämme, wird berichtet, 400 himmlische Jünglinge wären nach Kämpfen und Entwürdigung unter den Menschen zu den Plejaden (Siebengestirn) zurückgekehrt. Der Gott Kukulkan entspricht vermutlich dem Gott Quetzalcoatl der Azteken: er wurde als gefiederte Schlange dargestellt und kam von den Sternen. Da den Maya die Schlange tagtäglich als am Boden kriechendes Tier begegnete, ist schwer zu begreifen, weshalb sie in den Darstellungen *fliegen* konnte. – Die noch vorhandenen Maya-Handschriften umfassen 208 Faltbuchseiten. Bei der Vielfalt der Zeichen, Figuren, Embleme und den sich daraus ergebenden Kombinationsmöglichkeiten ist es nicht verwunderlich, daß bis heute so wenig entziffert wurde. Die Zeichnungen auf Feigenbast, mit einer dünnen Kalkschicht als Farbunterlage, werden zwischen Glasplatten aufbewahrt. – Der Dresdener Codex hat 74 Schriftseiten und zeigt astronomische Berechnungen sowie Mond- und Venus-Umlauftabellen. Neben Ziffern taucht immer wieder ein reptilartiges Ungeheuer am Himmel auf, es steht mit dem Mond in Verbindung und speit gleichzeitig Wasser auf die Erde. Die Figuren tragen komplizierte Hüte und Masken, stecken oft in einer Art von Taucheranzug. Beobachten wir die Maya-Priester bei Experimenten an Tieren? Undefinierbare Gestalten hantieren mit eigenartigen Geräten.

Maya-Bilderrätsel

Den Pariser Codex kaufte die Nationalbibliothek 1832 aus Privatbesitz, er besteht aus gleichem Material und aus 22 stark beschädigten, farbig bemalten Seiten. Die Konservierung der Faltblätter wurde im vorigen Jahrhundert so unglücklich vorgenommen, daß von dem in eine Glaskassette eingekitteten Schatz nur zwei Seiten zu sehen sind. Gott sei Dank gibt es Nachbildungen aus dem Jahr 1887. Der Pariser Codex enthält vornehmlich kalendarische Prophezeiungen. – Der Madrider Codex liegt im Museo do America, umfaßt 112 bemalte Seiten, auf denen Götter in grotesk ritualen Stellungen zu sehen sind. Die Bilder insgesamt wie in ihren Details sind faszinierend. Was ist nicht schon alles hineininterpretiert worden! Rauchender Gott auf der Erdglyphe, Götter vor Speisegefäßen, Kasteiung durch Durchstechen der Zunge, Göttin mit Schlangenkopf am Webstuhl ... Ich zeige Teile der fast nur der Fachwelt bekannten Codices, damit der *unbefangene* Betrachter urteilen mag, *was* wirklich abgebildet wurde. Ich möchte annehmen, daß der Laie unbefangener kombiniert als der Maya-Spezialist (siehe Farbteil).

In der Grabkammer von Palenque

Während seiner Forschungsarbeiten von 1949 bis 1952 entdeckte der mexikanische Archäologe Alberto Ruz Lhuillier im »Tempel der Inschriften« in Palenque eine Grabkammer. Vom Vorraum des Tempels aus, der auf der höchsten Plattform einer Stufenpyramide liegt, führt eine steile, von Feuchtigkeit glitschige Treppe fast 25 m tief herab, zwei Meter unter die Erdoberfläche. Die Treppe war derart »kaschiert«, daß es sich wohl um einen geheimgehaltenen Abstieg handelte. Maße und Lage der Kammer entsprechen »magischen oder symbolischen Vorstellungen« (Marcel Brion). Drei Jahre brauchten Archäologen mit ihren Helfern, um diesen Weg von der Höhe in die Tiefe freizulegen. – Den Boden der Kammer bildet ein Monolith von 3,80 m Länge und 2,20 m Breite mit einem phantastischen Steinrelief; mir ist keine zweite Steinarbeit von solcher Schönheit und Akkuratesse bekannt. – Rings um das Rechteck sind Maya-Glyphen ziseliert, sie sind nur zum kleinsten Teil entziffert. Die Steinplatte schmücken Glyphen, wie sie uns aus der Maya-Literatur (Codices!) und von Maya-Stelen her bekannt sind; da gibt es den Lebensbaum (oder das Lebenskreuz), einen Indianer mit der Maske des Erdengottes – Federschmuck auf dem Haupt, Jaderöhrchen und Schnüre und – last, but not least – den heiligen Quetzalvogel, eine zweiköpfige Schlange und symbolische Masken. Der Archäologe Paul Rivet, einer der besten Kenner des Objekts, meint, der Indianer sei auf dem Opferaltar sitzend dargestellt, und hinter seinem Sitz wären »stilisierte Barthaare des Wettergottes« eingraviert, Motive, wie sie in Maya-Städten wiederkehren. – Unter diesem edel bearbeiteten Monolithen fand man in einem purpurrot ausgemalten Sarg ein Skelett; auf dem Gesicht lag eine Goldmaske, neben dem Skelett waren einige Schmuckstücke aus Jade sowie rituelles Zubehör und Opfergaben deponiert...

Der Astronaut von Palenque

Seit ich diese Grabplatte in Palenque sah, habe ich sie technisch interpretiert. Es ist unerheblich, ob die Platte als Quer- oder Längsbild betrachtet wird – der Eindruck von einem raumfahrenden Wesen verfolgt einen geradezu. Die besten mir bekannten Fotos von der Grabplatte, die hinter einem gesicherten Eisengitter liegt, machte die Crew des Films ERINNE-

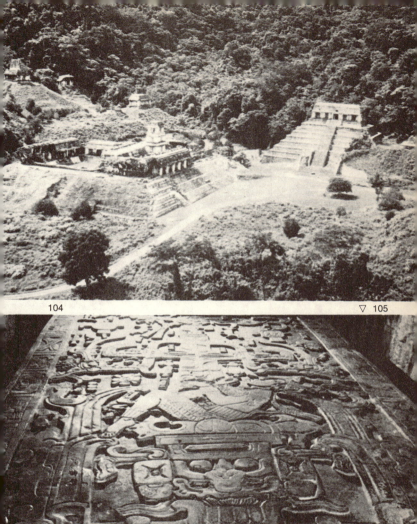

104 ▽ 105

106 107

RUNGEN AN DIE ZUKUNFT: Nach achtmaligem Anlauf gestattete die Regierung eine halbstündige Arbeit mit Kamera und Scheinwerfern. Mit diesen Bildern kann ich dem Leser besser als in meinen ersten Buch dokumentieren, worum es geht. – In ihrer Gesamtheit bildet die Grabplatte einen Rahmen, in dessen Mitte ein Wesen vornübergeneigt (wie ein Astronaut in der Kommandokapsel) sitzt. Dieses eigenartige Wesen trägt einen Helm, von dem doppelspurige Schläuche nach rückwärts verlaufen. Vor der Nase sitzt ein Sauerstoffgerät. Mit beiden Händen manipuliert der Vornübergeneigte an irgendwelchen Kontrollmechanismen: die obere Hand ist geöffnet, so, als ob das Wesen an einem direkt vor ihm liegenden Knopf eine Feineinstellung vornimmt; von der unteren Hand sind vier Finger zu erkennen, die vom Handrücken ausgehen; der kleine Finger ist gekrümmt. Sieht es nicht so aus, als ob das Wesen mit dieser Hand einen Hebel, dem Handgashebel der Motorräder ähnlich, bedient? – Die Ferse des linken Fußes ruht auf einem Pedal mit mehreren Stufen. – Dem Betrachter der Palenque-Bilder wird auffallen, daß der »Indianer auf dem Opferaltar« recht modern gekleidet ist: direkt unterm Kinn, noch im Halsausschnitt sichtbar, eine Art von Rollkragenpullover – eine enganliegendes Anzugoberteil schließt sich an und endet an beiden Handgelenken

in Stulpen. Um die Taille ein breiter Gurt mit einem Sicherheitsschloß, eine grobmaschige Hose, schließlich ein enges strumpfhosenartiges Beinkleid bis zu den Fußgelenken ... und der Astronaut ist perfekt angezogen! – Die Apparatur, in der der Raumfahrer angespannt hockt, hat in meinen Augen diese technischen Merkmale: Vor dem angeschnallten Astronauten liegen das Zentralaggregat für Sauerstoff, Energieversorgung und Kommunikation sowie die manuellen Bedienungshebel und die Geräte für Beobachtungen außerhalb des Raumfahrzeugs. Am Bug des Schiffes, also vor der Zentraleinheit, sind große Magnete erkennbar: sie sollen um die Raumschiffhülle ein Magnetfeld aufbauen, das bei hoher Geschwindigkeit den Aufprall von Partikeln im Weltraum abwehrt. – Hinter dem Astronauten ist eine Kernfusionseinheit zu sehen: schematisch sind zwei Atomkerne, wahrscheinlich Wasserstoff und Helium, dargestellt, die schließlich verschmelzen. Wesentlich erscheint mir, daß am Ende des Fahrzeugs *außerhalb* des Rahmens der Raketenrückstrahl stilisiert wurde. *Neben* diesen von mir technisch ausgelegten Zeichnungen gibt es tatsächlich immer wiederkehrende Maya-Glyphen auf der Grabplatte. Ich halte es für selbstverständlich, daß die Maya derart von ihrem »Himmelsboten« Botschaft gaben und auch dessen Geschichte in einer ihnen möglichen und bekannten Weise aufzeichneten. – Nach dem Aufenthalt eines außerirdischen Wesens hätten die Indianer den »natürlichen« Wunsch gehabt, so hohen Besuch samt dem Apparat in einem Relief zu verewigen. Abgesehen davon aber, daß die Steinmetze nicht über technische Kenntnisse verfügten, wäre es auch unmöglich gewesen, eine technisch so komplizierte Apparatur wie dieses Ein-Mann-Raumschiff vom bloßen Augenschein her in Stein zu meißeln. Baten sie die himmlischen Gäste um Beratung? Lieferten die Extraterrestrier den Maya-Künstlern eine einfache schematische Zeichnung des Himmelsfahrzeugs? Dem Skeptiker, der mich fragt, warum denn die Außerirdischen Kenntnisse und Geheimnisse preisgegeben haben sollten, kann ich nur antworten: Sie taten es auch in diesem Fall, um späteren Generationen sichtbare Zeugnisse ihrer Anwesenheit zu hinterlassen.

Diese Spekulation akzeptiert, schließen vorhandene, teilweise entzifferte Glyphen die gleichzeitige technische Version nicht aus. Der definitive Beweis, daß es sich bei der Grabplatte um übliche Maya-Symbolik handelt, ist nicht zu führen. Aus der Literatur läßt sich nicht zwingend ableiten, daß das Relief keine technischen Elemente enthält. Es hilft wenig weiter, wenn wir vor überholten Arbeitshypothesen strammstehen. Die Archäologie lehnt es ab, Wissen von der Raumfahrttechnik einzubeziehen. Drum scheint es mir intolerant, meine Version abzulehnen. Es sollte ein Patt gelten: Die Grabplatte ist aus der Maya-Literatur nicht zufriedenstellend erklärbar, die technische Version denkbar.

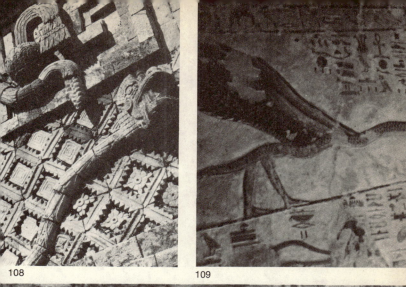

108 109

110

108, 109, 110 Zu keiner Zeit konnten Schlangen fliegen, eine Binsenwahrheit. Aber, um nur zwei Beispiele aus weit voneinander entfernten geographischen Räumen zu geben, zeige ich eine fliegende Schlange vom Tempel in Uxmal, Mexiko, und aus dem Tal der Könige, Ägypten. – Wie Robert Charroux schreibt, überlieferte der Geschichtsschreiber Sanchuniaton (1250 v. d. Z.): »Die Schlange hat eine Geschwindigkeit, die auf Grund ihres Atems nichts übertreffen kann ... Ihre Energie ist außergewöhnlich ... Mit ihrem Glanz hat sie alles beleuchtet ...« Da sind keine Schlangen beschrieben, wie sie Menschen am Boden kriechen sahen! Waren nicht doch stets astronautisch ausgerüstete Wesen gemeint, wie eines auf der uralten Vase in San Salvador (110) zu sehen ist? In einer Stilisierung kann aus einem derart ausgerüsteten Wesen im Handumdrehen eine Schlange werden!

95

Werkzeuge der Außerirdischen

Ich weiß nicht, ob bei der UNO oder sonst einer gut dotierten Weltorganisation eine Statistik darüber geführt wird, wie viele tausend Quadratmeter Naturboden täglich und stündlich in arme, sogenannte Kulturlandschaft verarbeitet werden – für Städte, Straßen, Industrien, Flugplätze, Sportplätze. Ganz bestimmt weiß ich, daß an diesen Baustellen keine Archäologie betrieben wird. Kein Prähistoriker, kein auf Vorgeschichte getrimmter Ingenieur, kein Archäologe ist dabei. Ich bin überzeugt, daß wir nicht so hoffnungslos im Dunkel unserer Frühgeschichte tappen würden, wenn die Innereien unserer Erde untersucht würden. – Als Kolonisatoren vor Jahrhunderten begannen, neue Kontinente zu »erobern«, machten sie den »Wilden« Geschenke: Glasperlen, Spiegelchen, Stoffe... und wenn man die Gunst eines Häuptlings oder eines ganzen Stammes erwirken wollte, holte man Kostbareres aus dem Sack: Messer, Beile, Hämmer, Nägel, Sägen und Kochtöpfe für die Damen. – Ist es zu weit hergeholt, zu unterstellen, auch fremde Kosmonauten müßten bei ihren Erdbesuchen unseren Vorfahren Gastgeschenke in Form von Werkzeugen gemacht haben? Tatsächlich sind bisher keine Werkzeuge außerirdischen Ursprungs gefunden worden. Sie können ja auch nicht gefunden werden, weil nie danach gesucht worden ist. Haben wir wenigstens eine ungefähre Ahnung, von welcher Beschaffenheit solche Werkzeuge sein könnten oder sein müßten? Wir haben keine Ahnung. – Ich bitte, dies zu überlegen: Die Radioapparate unserer Großväter waren noch unförmige Holzkisten, die Lautsprecher von einer Größe, die ausreichen würden, einen Kinderkopf hineinzustecken. *Heute* kann man Sender und Empfänger in einer Miniapparatur von Erbsengröße unterbringen, der Lautsprecher ist ein Drittel so groß wie eine Zündholzschachtel. Ich möchte damit sagen, daß die Endprodukte der Technik immer weniger Raum beanspruchen. Werkzeuge einer hochentwickelten außerirdischen Technik müssen nicht so voluminös sein, daß sie Bagger und Spitzhacke widerstehen. Trampeln wir achtlos auf Kostbarstem herum?

111   Oberhalb der Inkafestung Sacsayhuaman, Peru, gibt es buchstäblich unvorstellbare Bearbeitungen von Gestein! Ich habe mich an Ort und Stelle und wo immer mir Amerikanisten über den Weg liefen, erkundigt, was diese Anlagen bedeuten, mit welchen technischen Hilfsmitteln sie geschaffen wurden. Ergebnis: Man weiß nicht, wer hier gearbeitet hat, wann und mit welchen Werkzeugen. Allerdings wagt niemand zu behaupten, hier sei wieder einmal die Natur auf wunderliche Weise tätig geworden...

112

113

▽ 114 ▽ 115

116   ▽ 117

112–117   Alle diese Fotos machte ich an den Berghängen über Sacsayhuaman. Man sagt, alles, was hier zu sehen ist, wären Rückstände von Gletschern (112). Sieht man sich aber die Gegend gründlich an – und ich war wochenlang dort oben – dann springen einem förmlich (man verzeihe mir dieses Bild!) die steinernen Rätsel in die Augen! Aus dem Fels geschnittene Partien mit rechtwinkligen Kanten und polierten Oberflächen (113) – undefinierbare (Badewannen-)Vertiefungen (114) – in den Felsen rechtwinklige Keile, die – heute – sinnlos scheinen (115) – wie mit einem Käsemesser herausgeschnittene Steinvitrinen (116) und schließlich auch granitene Thronsessel für Riesen (117). – Was soll das?

118

▽ 119

Vorzeitliche Explosion in Sacsayhuaman?

Cuzco liegt 3467 m ü. M. Unweit dieser peruanischen Bezirksstadt liegt die Inkafestung Sacsayhuaman, eine Touristenattraktion ersten Ranges. Sie beeindruckt durch ihre monolithischen Blöcke von über 100 Tonnen Gewicht; die Seiten der Blöcke sind so glatt, daß Robert Charroux vermutet, sie müßten durch eine chemische Behandlung in diesen Zustand gebracht worden sein. Aber weder dies ist es, noch sind es die drei Wälle aus 6 m hohen Steinquadern, noch ist es die über 500 m lange und 18 m hohe Terrassenmauer, was mich hier oben so sehr faszinierte. Meine Wunderwelt liegt einen knappen Kilometer entfernt in einer Höhe von 3500 bis 3800 m. – Über Schrunden und tiefe Felsgrotten kletterte ich auf die Plattform. In der dünnen Höhenluft, die das Atmen schwermacht, erwartet man nichts Besonderes mehr, abrupt aber steht man dann vor sauber geschnittenen Gesteinsungetümen. Ein von mir vermessenes Beispiel: aus einem Klotz, 11 m hoch, 18 m breit, wurde ein Rechteck mit den Maßen, 2,16 × 3,40 × 0,83 m herausgeschnitten. Da ist ein Betonklotz von 13 m Höhe, poliert und geschliffen, wie gestern vom Maurer geliefert. Freilich ist es kein Beton, der Stein ist nach bester Handwerkerart bearbeiteter Granit. Ich zwängte mich in Felsnischen, überall die gleich präzise Arbeit. Wo blieben ihre Spuren? Es müßten Reste von Abfällen zu finden sein, weil die Spalten für einen Abtransport zu schmal sind. Ich pflichte Charroux' Vermutung bei, bin aber zudem überzeugt, daß hier oben eine Explosion stattgefunden hat, die Felsen bewegte und Gestein zum Schmelzen brachte. Ich stieg in eine fast 80 m tiefe Grotte. Von einer Urgewalt gerüttelt, ist der gerade Verlauf manchmal unterbrochen, aber Teile der Wände und Decken überstanden die Katastrophe. Zerborstene Gesteinsmassen lagern bis hinunter ins Tal des Urubamba: es sind *bearbeitete* Teile eines Ganzen gewesen, sie zeigen Merkmale einer Präzisionsarbeit, sie werden nie mehr in einen Gesamtplan zu integrieren sein. – Ich fragte in Cuzco und Lima Experten nach Sinn und Entstehung dieser Formationen. Man weiß nichts Genaues. Das ist keine Schande. Zu resümieren ist: Die Gesamtanlage über Sacsayhuaman wurde in unbekannten Zeiten mit uns unbekannten Methoden errichtet, und sie bestand schon, als die Sonnensöhne die Inkafestung bauten. *Mich* beunruhigen solche Fragen, auf die man keine überzeugende Antwort bekommt. Man sagt mir nach, ich würde dauernd die Wissenschaft attackieren. Tue ich das? In Wahrheit werbe ich darum, sie an die Orte der ungelösten Rätsel der Welt zu locken.

120

121

▽ 122

120–125 Diese bisher unerklärbaren Steinarbeiten sind an den Berghängen, etwa 3500 m ü. M., oberhalb Cuzco, Peru, zu bestaunen. Man betastet erstklassig polierte Oberflächen (120) – man meint, erst gestern sei die Holzverschalung von dem Betonguß (121) entfernt worden, aber es handelt sich trotz der meisterlichen Arbeit nicht um Beton, es ist präzise bearbeiteter Granit. Was für einen Sinn können denn einstmals so sauber gelieferte Arbeiten in den Felsklüften gehabt haben (122)? – Um der individuellen Phantasie Futter zu geben, betrachte man gründlich die Detailaufnahmen (123–125). Wären hier oben am Ende der Welt nicht endlich neue Denkmodelle fällig?

123

124   ▽ 125

Wie in Tiahuanaco manipuliert wurde

Zweimal war ich zu gründlichen Recherchen in Tiahuanaco. Zuletzt erreichte ich die kleine Ortschaft in 4000 m Höhe auf der bolivianischen Hochebene aus Cuzco, Peru, kommend, nach eintägiger Schiffs- und Bahnreise. Der kleine Bahnhof wäre sicher kaum frequentiert, wenn nicht der Ort durch seine steinernen Rätsel zu Ruf gelangt wäre. Gleich beim Bahnhof liegt das Museum, fünf Meter vom Bahndamm entfernt stellen sich unübersehbare Rätsel: sauber polierte Steine, rechteckig, mit schnurgeraden Rillen in Fingerdicke, so fugenlos gearbeitet, als habe jedes Stück ein Pendant, in das es passen müsse. Arbeitete man in einem Baukastensystem? Nach welchen Plänen? Die Rillen laufen stets im rechten Winkel zur Oberfläche; an Objekten, die Rillen rings um den Stein zeigen, ist nichts zu deuten, wo aber rechteckige Stücke aus dem Stein »gezwickt« sind und die Rillen parallel zur Oberfläche verlaufen, wird es kurios. Mit keinem Werkzeug, das präinkaischen Kulturen zugestanden wird, konnten diese Rillen gefertigt werden. Hier ist gefräst worden. Aber wie? Selbst eine moderne Nutenfräsmaschine könnte solche Rillen allenfalls mit sehr kleinen rotierenden Fräsen hoher Touren hervorbringen. Auch die Monolithen des ehemaligen Tiahuanaco zeigen gleiche Rillen, die von oben nach unten verlaufen und offensichtlich den Zweck erfüllten, jeweils mit Gegenstücken ineinandergefügt zu werden. In einem rekonstruierten Tempel haben emsige Restauratoren zwischen die Monolithen rechteckige Steine aufgeschichtet, die nun eine Mauer ergeben. Durch diese Einschübe sind die Rillen in den Monolithen verdeckt, ein wesentliches Indiz des *echten technischen* Tiahuanaco ist verschwunden. So löst man keine Fragen! Dann: Mitten aus diesen Mauern ragen steingeformte Leitungsstücke im rechten Winkel. Solche »Leitungen« wurden im Boden gefunden. Was haben sie in der Mauer zu suchen!? Sollten sie Regenwasser einfangen? Querleitungen gibt es nicht. Ich habe mit der Schaufel einige Halbröhrenstücke ausgebuddelt; sowohl bei den geradlinigen wie den rechtwinkligen Stücken fehlten generell die *Unterteile*. Ich lese jedoch, daß es sich bei den »Röhren« um Wasserleitungen gehandelt habe. Für Wasserleitungen wären wohl zu allen Zeiten Unterteile wichtiger als nur abdeckende Oberteile gewesen. Oder? In einem Exemplar von 1,14 m

127   Das monolithische Sonnentor von Tiahuanaco ist 3 m hoch und 4 m breit; ▷ in drei Reihen zeigt es 48 quadratische Figuren, die einen fliegenden Gott flankieren. Das Gewicht des Sonnentores wurde mit zehn Tonnen festgestellt. Ich vermute auch hier Reste eines technischen Wissens, das in den Reliefs übermittelt wurde. Wenn sie bisher noch nicht gedeutet wurden, spricht das ja wohl nicht gegen meine Vermutung

126 ▽ 127

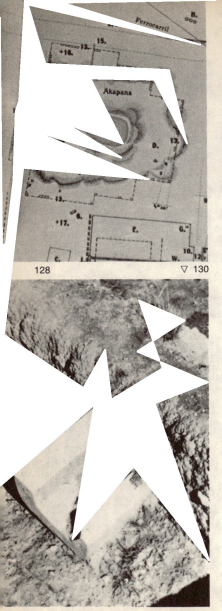

129

128 Der ausgetrocknete Akapana-Weiher beweist, daß Tiahuanaco einstens mit dem Titicaca-See verbunden war: an den Lehmrändern mit spärlicher Fauna gibt es die gleichen Sedimente wie am Titicaca-See. Heute liegt der Titicaca-See mehrere Kilometer von den Ruinen Tiahuanacos entfernt. Die über viele, viele Jahrtausende bewirkte Veränderung der örtlichen Geographie weist auf das legendäre Alter der Anlagen von Tiahuanaco hin

129–132 Diese vier Fotos, die ich in Tiahuanaco machte, mögen meine textlichen Überlegungen zu den angeblichen Wasserleitungen unterstützen!

131 132

Länge fand ich gleich zwei Halbröhren – ohne Unterteile! Falls der präinkaische Ingenieur feststellte, daß die Röhre zuwenig Wasser führte, warum vergrößerte er dann nicht die *eine* Rille? Weshalb, bei allen Inkagöttern, ließ er in einem Abstand von nur 2 cm eine zweite Halbröhre meißeln? Sprechen schon die fehlenden Unterteile dagegen, daß es sich um Wasserleitungen handelte, reichen mir die Doppelröhren für eine endgültige Absage an gängige Erklärungen. – Das geheimnisumwitterte Tiahuanaco wurde nach Knochen- und Holzkohleresten archäologisch datiert: die Entstehung der Bauten wird um etwa 600 v. d. Z. vermutet. Ein ideales Datum! 592 v. d. Z. hatte Prophet Hesekiel seine Begegnung mit einem Raumschiff. Ist es nicht denkbar, daß die Extraterrestrier in Tiahuanaco eine Basis errichteten? Die Bodenmannschaft blieb ja, wie vom NASA-Ingenieur Blumrich nachgewiesen, 20 Jahre auf unserem Planeten. Baumaterial schleppten die Astronauten nicht heran, doch sie hatten Werkzeuge dabei, mit denen vorhandenes Material zweckmäßig bearbeitet werden konnte. *Diese* Interpretation würde viele Rätsel lösen. Die Fremden zogen ab, zurück blieben die monolithischen Bauten. Die Aymaras – das indianische Kulturvolk, dem man die Bauten zuschreibt – funktionierten die Bauten für ihre Zwecke um. *Jetzt erst* entstand ein Tempel, entstanden rechteckige Mauerstücke zwischen den Monolithen. Was heute rekonstruiert wird, ist lediglich die Vergangenheit der Aymaras, nicht die der ursprünglichen Erbauer, die unter Anleitung Energiekabel in den Röhren verlegten.

133–134 Auch diese Monolithen in Tiahuanaco sind steinerne Dokumente für vorzeitliche Präzisionsarbeit

Kalender der großen Zeitalter

Wenn es nach dem Kalender der Azteken ginge, wäre die Gegenwart reif für die Vernichtung der Erde durch ein Erdbeben. – Bei Bauarbeiten in Mexiko wurde im Jahre 1790 eine runde Steinscheibe von einem Meter Dicke und vier Metern Durchmesser gefunden. In diesen Stein ist ein Relief aus Gesichtern, Pfeilen und Kreisen eingemeißelt. Sehr bald war ermittelt, daß es sich bei den Darstellungen um Angaben für einen Kalender handelte, den geheimnisvollen Kalender der Azteken. Die Azteken selbst sind aber nicht die »Erfinder« dieses phantastischen Kaldendariums, sie übernahmen wesentliche Teile von ihren Vorfahren, den Maya. Im Zentrum steht der Kopf des Sonnengottes – in einem geschlossenen Ring von zwanzig gleich großen Feldern umgeben, darin sind die 20 Symbole des 260tägigen Maya-Kalenders, der sogenannten Tzolkin, fixiert. Jedem Tag gilt ein anderes Symbol, und alle Symbole zusammen ergeben die vier »großen Zeitalter«. – Der Kalender berichtet, daß in Urzeiten Jaguare kamen, die die Urtiere vernichteten, dann rafften Stürme die Menschen dahin. Im dritten Zeitalter gab es einen Regen von Feuer und ein globale Überschwemmung. Ja, und das gegenwärtige Zeitalter, »4 Olin« genannt, soll durch ein Erdbeben ausgelöscht werden.

136 ▽ 137

In Tula, Mexiko, stehen die Götter auf einer Plattform. Die Legende berichtet denn auch, dies wäre der Ort gewesen, an dem die niedrigen Götter Kontakt mit den höheren Göttern gehabt hätten. Durch Schnüre gar hätten die Partner in Verbindung gestanden. Von den hohen Göttern hätten die niedrigen »Blitze« empfangen; schließlich wären sie ausgezogen, um die undankbaren Menschen zu bestrafen. In Cocha (Peru) seien die Götter derart böse gewesen, daß sie die Felsen, auf denen die Menschen lebten, durch ihre göttlichen Blitze zum Schmelzen gebracht hätten. Die Götterstatuen von Tula präsentieren stolze Köpfe, in denen runde Rillenaugen sitzen. Was aber ist das für ein steifer Ohrenschutz? Was tragen sie für Kästen auf der Brust? Trugen die Astronauten auf dem Mond nicht sehr ähnliche Aggregate vor sich her? Was halten sie in den Händen? Die Fachliteratur sagt, das wären »symbolische Schlüssel«. – Schlüssel – wozu? Mag doch die Legende recht behalten. Was anderes kann denn mit zwei Fingern umfaßt werden, wenn nicht Strahlwaffen, Lasergeräte, die durch Strahlungsemissionen die Felsen zum Schmelzen betrachten.

138

139   ▽ 140

141 Bei Santa Cruz, Bolivien, führen zwei Rillen im Boden von der Tiefe auf die Höhe eines Berges, wo sie abrupt enden. Alter: nicht bestimmbar

F1 Übersieht man einmal die figürlichen Zutaten, dann bleibt die Grundriß-zeichnung einer elektrischen Apparatur mit Stromkreisen, Schaltelementen usw. (Osiris-Pektoral, Tut-anch-Amun, Theben).

F2 Die Himmelsgöttin Nut erhebt sich mit den Schwingen eines Vogels über die von ihr beschützte Welt. Fast ausnahmslos finden sich auf allen altägyptischen Darstellungen Merkmale des Fliegens (Nut-Pektoral, Theben).

F3–F8 Dies sind sechs von vielen, vielen Bildchen aus dem »Dresdener Codex« (Sächsische Landesbibliothek, Dresden), aber alle vermitteln mir den Eindruck technischer Darstellungen.

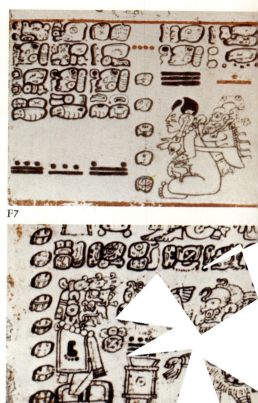

F7

F8

Ich tippe nur an: astronautenmäßig gekleidete Wesen, technische Geräte, Rückenaggregate ... Und alle Bildchen haben Zahlenglyphen. Den Deutungen sind keine Grenzen gesetzt.

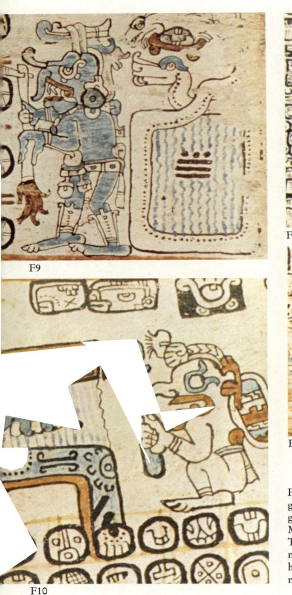

F9

F11

F12

F9–F14 Die Darstellungen des »Madrider Codex« geben Wasser auf meine Mühle! Hier zeigen die Tableaus das ganze Arsenal von Raumfahrtzubehör wie Versorgungssysteme, Helme mit Sendean-

F13

lagen, einen Beobachter in einem Satelliten, Sauerstoffgeräte ... und wiederum exakte Zahlen. Nur ein minimaler Teil der Maya-Bildschriften wurde bisher entziffert, es ist viel Raum für meine Annahmen.

F14

F15–F19 Pater Carlo Crespis Schätze kommen erst zu ihrer großen Wirkung, wenn sich aus Farben das Material erspüren und die subtile Arbeit der Inka-Künstler erahnen läßt.

F15

F16

F17

F18

F19

F20

F21

F22

F20 Eine Stele mit 56 Zeichen, die der Deutung harren (F21: eine Vergrößerung der beiden oberen Felder). Gleichmäßig, wie gestempelt, sitzen die Zeichen in den Karrees – so perfekt, daß sie den Künstlern vermutlich von der Geläufigkeit einer Schrift waren und leicht von der Hand gingen. Aber: präinkaischen und Inka-Zeiten wird bisher keine Schrift zugestanden.

F22 Eine Inka-Arbeit, ein Halsschmuck, den eigenartigerweise (Schrift-)Zeichen zieren.

F23–24 Auf meinen Reisen fand ich immer wieder uralte Kugeln aller Größenordnungen. Ist in ihnen eine Erinnerung an »Götter«, die in Kugeln reisten, erhalten geblieben? (Moeraki-Beach, Neuseeland – Maria Auxiliadore, Cuenca.)

F23

▽ F24

F25 F26

F25–F26 Haben Extraterrestrier unseren frühen Vorfahren hochtechnisierte Werkzeuge gegeben? Dieser Gedanke drängt sich auf, wenn man durch die Höhlen in Ekuador und in anderen südamerikanischen Ländern geht. Unbestritten sind die Höhlen nicht von der Natur geschaffen, die liefert nämlich keine rechtwinkligen Einschnitte, keine polierten Oberflächen und auch keine haarscharfen Rillen und geraden Durchgänge. Diese Riesenhöhlen müssen mit für uns unvorstellbaren Werkzeugen in die Felsmassive geschnitten worden sein.

F27–F28 Den Kontrast zu diesen Höhlen zeigen reizvolle Blicke in unterirdische Städte in Derinkuyu, Türkei: Hier wurde im Schweiße des Angesichts mit Hammer und Meißel geschuftet. Verblüffende Anlagen, aber nichts im Vergleich zu den Höhlensystemen in Südamerika.

F27

F28

F29

F30   ▽ F31

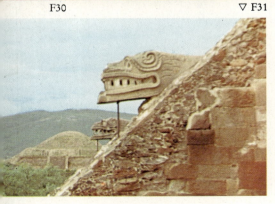

F29 Fliegender Gott in einer Kugel (Irakisches Museum, Bagdad).

F30 Fliegende Olmeken-Gottheit in Teotihuacan, Mexiko.

F31 Fliegende Schlange am Quetzalcoatl-Tempel, Teotihuacan.

F32 Die Sonnenpyramide in Teotihuacan bedeckt eine Fläche von 45 000 qm, auch sie ist nach astronomischen Regeln ausgerichtet. Zu wessen Ruhm und Ehre sie gebaut wurde, ist unbekannt.

F33 Die drei Wälle der Inka-Festung in Sacsayhuaman sind aus bis zu sechs Meter hohen Steinblöcken gebaut. Hier wurde der Sonnengott verehrt. »Inka«, das heißt: Sohn der Sonne.

F32

▽ F33

F34

F35

F36   F37

F36–F37   Statue eines unbekannten, in Tiahuanaco verehrten Gottes und eine Parade von sauber gearbeiteten Monolithen. Deutlich sind Einschnitte und Kerben zu erkennen, die auf eine architektonische Verbindung der Monolithen hinweisen. Das Alter des *technischen* Tiahuanaco ist unbestimmt.

F34–F35   Hier über Sacsayhuaman, 3600 m ü. M., muß einst eine gigantische Anlage gewesen sein. »Gletscherrückstände«, als die man das Phänomen erklärt, hinterlassen bei ihrem Rückzug keine künstlichen Steinbearbeitungen und schon gar keine unter großer Hitzeeinwirkung entstandenen Glasuren.

F38 ▽ F39

F38–F41 Nan Madol, winzige Insel in der Karolinengruppe, trägt eine architektonische Anlage, aus über 400 000 Basaltblöcken erstellt. Wie und wozu die Steinklötze von einer Nachbarinsel nach Nan Madol gebracht wurden, weiß man nicht. Eine Legende der Insulaner berichtet, daß ein fliegender Drache beim Massentransport mitgeholfen habe.

F40

▽ F41

F42

▽ F43

F42–F43 Die Terrasse von Baalbek war im *Ursprung* eine technische Anlage. Römer und Griechen bauten auf einer bereits vorhandenen Plattform. Der russische Professor Agrest vermutet, daß die Uranlage eine Landefläche für Raumfahrzeuge gewesen ist.

F44

▽ F45

F44–F45 Wie grimmige Roboter bewachen 200 solcher Monster die Küsten der Osterinsel. Wer in ihnen dargestellt wurde ist unbekannt. Die Legende der Rapanuis, der Ureinwohner, weiß zu berichten, daß die Statuen einst aus eigener Kraft an ihre Plätze marschiert sind.

F46

F47

F48   ▽ F49

F46–F47   Diese über 5000 Jahre alte japanische Dogu-Plastik trägt einen Helm mit großer Astronautenbrille. Brillen gab es übrigens auch in der japanischen Steinzeit nicht.

F48–F49   »Wie Astronauten in Raumanzügen steckten die Mumien eines Prinzenpaares in ihren Totengewändern aus Tausenden von Jadeplatten«, schrieb DIE ZEIT zu diesen vorchristlichen chinesischen Funden.

F50–S50   Der amerikanische Flugingenieur John Sanderson kam zu der Überzeugung, daß die Grabplatte von Palenque definitiv modern interpretiert werden kann. Tatsächlich macht der von Sanderson angefertigte technische Grundriß Sinn und Zweck aller Konturen des Reliefs deutlich. Von Ingenieuren sollten sich die Altertumsforscher beraten lassen!

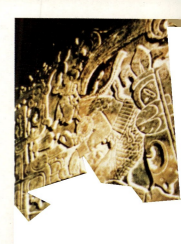

F50   ▽ S50

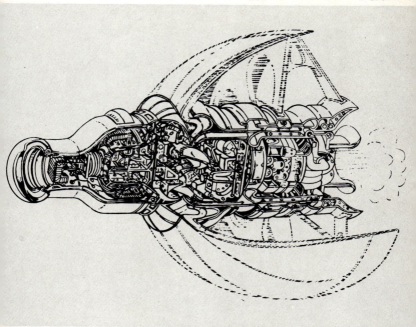

F51

▽ F52

F53

F54

F55

F56

F51–F56 Luftbildaufnahmen der Landebahnen auf der Ebene von Nazca aus dem Film ERINNERUNGEN AN DIE ZUKUNFT.

F57 Dies ist die originale Piri-Reis-Weltkarte von 1513. – Am unteren Bildrand sind Küstenlinien und Inseln der Antarktis eingezeichnet, die erst in unseren Tagen – 1952 – entdeckt wurden.

142 Wie alle Pyramiden in Teotihuacan, Mexiko, ist auch die Sonnen-Pyramide nach den Sternen ausgerichtet. Der älteste Text über die Anlage berichtet, hier hätten die »Götter« über die Menschen Rat gehalten, noch ehe es den homo sapiens gab

Der Urmensch suchte die Götter stets auf den Bergen. Dort oben wollte er ihnen nahe sein, dort wollte er sie beobachten, ihre Ankunft erleben, ihr Verschwinden im Himmel registrieren. Gab es im flachen Land keine Berge, bauten sich unsere Vorfahren künstliche Berge. Was ist denn der Turm von Babylon anderes als ein Beobachtungsposten!? Sind nicht auch die Pyramiden Treppen, die näher an die Götter heranführen?

Abschußrampen

Ein Rätsel besonderer Art gibt die Pyramide bei Santa Cruz in Bolivien auf. Es handelt sich um einen ziemlich symmetrischen, wahrscheinlich künstlichen Berg. Von unten nach oben verlaufen in diesem Berg zwei Linien wie Abschußrampen, die in lichter Höhe jäh enden.
Die Indianer im Tal erzählen sich Legenden, die davon berichten, daß auf diesen beiden Linien ihre Götter mit »feurigen Pferden« zum Himmel aufgestiegen wären.
Eine archäologische Erklärung liegt hier ausnahmsweise nicht vor.

143

144

Das Rätsel von Baalbek

Nördlich von Damaskus, an der Bahnlinie und Straße Beirut-Homs im Libanon, liegen in 1150 m Höhe die Ruinen von Baalbek. Im 1. und 2. Jahrhundert n. d. Z. ließ der römische Kaiser Augustus auf den bereits vorhandenen griechischen Ruinen prächtige Tempel errichten, deren Ruinen bestaunen heute Touristen aus aller Welt. In Wirklichkeit sind Wunder und Geheimnis Baalbeks weder griechischen noch römischen Ursprungs. Als *vor* den Römern die Griechen hier Tempel bauten und die Stadt Heliopolis (Stadt des Sonnengottes) nannten, bauten sie auf *bereits vorhandenen* Ruinen! Baalbek wird unter dem Namen Ba'li erstmals schon 804 v. d. Z. in assyrischen Schriften erwähnt. – Wie Tiahuanaco ist das *echte* Baalbek eine technische Anlage gewesen, eine riesige Terrasse, die aus Steinblöcken gefügt ist, von denen die meisten über 20 m Seitenlänge haben und bis zu 2000 Tonnen wiegen. *Diese* Plattform ist uralt, ohne historische Datierung. Griechen und Römer haben sie sich zunutze gemacht. Auch mit kühnster Phantasie kann man sich nicht ausdenken, wie dieser Gesteinstransport mit den herkömmlichen Erklärungen möglich gewesen sein soll. Holzrollen? Schlitten? Schiefe Ebenen? Sandbahnen? Was man bei gutem Willen für Oberägypten und andere Orte noch schlucken mag, wird vor den Steinklötzen von Baalbek zur Farce. Mit keinem uns bekannten technischen Hilfsmittel des frühen Altertums konnten diese Blöcke bewegt werden. Heute noch gibt es auf der ganzen Welt keinen Kran mit einer Kraft, die einen 2000-Tonnen-Block lupfen könnte. Ein Königreich für eine vernünftige Erklärung *dieses* Transportes! – Das uralte Heiligtum Baalbek geht auf den Schöpfergott Baal zurück. Baal wird in den epischen Texten von Ugarit als »Herr des Himmels« oder als »auf dem Berg thronend« verherrlicht. Baal war dieselbe Gestalt wie Bel in Babylon, und Bel war identisch mit den Göttern Marduk und Enlil. Enlil war der »Gott der Lüfte«; einer Keilschrift zufolge ergoß er seinen Samen in den Schoß des Erdenmädchens Meslamtaea. Die Mythologie schließt den Kreis.

143 Die Terrasse von Baalbek im Libanon

144 Der »Stein des Südens« bei Baalbek

Meine Osterinsel-Theorie

Auf fast allen bewohnbaren Südseeinseln liegen Überbleibsel gewaltiger unbekannter Kulturen. Produkte einer sehr frühen, offensichtlich hochentwickelten Technik beunruhigen jeden Besucher, der nicht nur stur und stumpf von den Zeugnissen der Vergangenheit Erinnerungsfotos macht. Die steinernen »Dokumente« reizen zu Spekulationen und Hypothesen. – Die Osterinsel, Ostern 1722 von dem Holländer Roggenveen entdeckt, ist die östlichste der polynesischen Inseln im Stillen Ozean; sie gehört zu Chile, ist 118 qkm groß und hat heute rund 1000 Bewohner. Die Insel ist vulkanischen Ursprungs, baumlos, steigt bis zu 615 m an und hat zwei erloschene Vulkane. Die Osterinsel ist ein Eckstein im Mosaik meiner »Weltanschauung«.

Es geht um Hunderte von Statuen, die rings um die Insel stehen und einen ohne Unterlaß anstarren. Ich kenne die Theorien des von mir hochgeschätzten Thor Heyerdahl. Trotzdem sage ich nach zwei längeren Aufenthalten auf dem Eiland, daß angesichts der buchstäblich harten Tatsachen die Faustkeil-Theorie nicht zu halten ist. Im Krater Rano Baraku liegen vertikal und horizontal, kreuz und quer eben begonnene und halbfertige Statuen. Ich habe den Abstand von der Lava zu einzelnen Statuen gemessen und kam auf Zwischenräume bis zu 1,84 m, die sich auf eine Länge von fast 32 m hinziehen. Die riesigen Lavabrocken hat man keinesfalls mit kleinen primitiven Steinfäustlingen freilegen können. Es stimmt, daß Heyerdahl am Fuße des Kraters einige hundert Steinfaustkeile gefunden hat. Das schien der Beweis zu sein, daß an den Werkplätzen mit diesen Werkzeugen gearbeitet wurde. Dies ist meine Hypothese: Fremde Kosmonauten gaben den Ur-Insulanern Werkzeuge von technischer Perfektion, Priester oder Zauberer konnten sie bedienen; sie lösten die brockigen Massen aus der Lava und bearbeiteten sie. Die fremden Besucher verschwanden. Wie alles Werkzeug wurde auch das überlassene stumpf und unbrauchbar. Ich halte es auch für möglich, daß die Leute, die sich auf die Handhabung verstanden, auswanderten oder starben. Neue Werkzeuge dieses Kalibers konnten die Primitiven nicht herstellen. Tatsache ist, daß die Arbeit von einem Tag zum andern eingestellt wurde. Über 200 unfertige Statuen »klebten« in der Kraterwand. Und nun hatten die Eingeborenen den wilden Ehrgeiz, die Arbeit zu vollenden. Da die »alten« Werkzeuge fehlten, ging man die Lava mit Steinfäustlingen an. Tagein, tagaus hallte nun ein fröhliches Hämmern von der Kraterwand über die Insel. Aber: ohne Erfolg. Die Steinfaustkeile wurden stumpf, und der Wand hatte man keine Statue entreißen können. Man resignierte und gab auf, die Steinfäustlinge ließ man zu Hunderten im Krater liegen.

Heyerdahls Theorie

Im Gegensatz zu Heyerdahls Theorie sehe ich im Fund der Steinfaustkeile geradezu den Beweis dafür, daß man mit *diesen* Werkzeugen die Arbeit *nicht* bewerkstelligen konnte. Und noch ein gewichtiges Indiz spricht gegen diese Theorie. Nimmt man getrost einmal die (unrealistische) Möglichkeit an, die Insulaner hätten auf diese Weise mit den Steinfäustlingen auf die Lava eingedroschen. Wo gehobelt wird, fallen Späne. Irgendwann haut auch der beste Steinmetz mal daneben, hätte eine Oberlippe zersplittert, einen Nasenflügel geschrammt, ein Augenlid gespalten. Die Steinmetze der Osterinsel müssen ohne Makel gearbeitet haben, jeder Schlag hat perfekt gesessen, nirgends eine Spur von Fehlern. Ferner: Ich wies schon auf die Abstände zwischen Lavagestein und Statuen hin. Der Abfall aus Zwischenräumen von 2 × 32 Metern kann sich auch nicht in Luft auflösen, aber es gibt im Rano Baraku keinen. – Ja, die Faustkeil-Theorie kann für einige kleinere Statuen, die in einer uns näheren Zeit entstanden

sind, annehmbar sein. Nach meiner und der Überzeugung vieler Osterin-
selbesucher ist sie kein Schlüssel, mit dem man das Rätsel lösen kann, *wie*
das Rohmaterial aus dem Vulkangestein gebrochen wurde. Wie voluminös die Rohmaterialmasse vor Beginn der Arbeit gewesen sein muß, läßt
sich beim Anblick von Mammutgestalten, bis zu 20 Meter groß und 50
Tonnen schwer, nur erahnen.

Wer sind die Vorbilder?

Falls die Polynesier die Schöpfer der Statuen gewesen sind, gibt es bisher
keine Erklärung dafür, woher sie Vorbilder für die Formen und Aus-
drücke der Statuen genommen haben, denn kein Angehöriger irgendeines
polynesischen Stammes hatte solche Merkmale: lange gerade Nasen – zu-
sammengekniffene schmallippige Münder – tiefliegende Augen – niedrige
Stirnen. Auch weiß kein Mensch zu sagen, wer eigentlich dargestellt werden sollte. Das weiß leider auch Thor Heyerdahl nicht.

Ich vermute, daß auf der Osterinsel, in Tiahuanaco, über Sacsayhuaman,
in der Bucht von Pisco und auf der Wüstenebene von Nazca dieselben
Lehrmeister Unterricht gegeben haben, mindestens aber die gleichen
Werkzeuge zur Anwendung kamen. Freilich ist auch das nur eine unter
vielen anderen möglichen Theorien, die man unter Hinweis auf die großen
Entfernungen zwischen den »Standorten« meiner »Götter« ablehnen
kann. Voraussetzung für diese meine Deutung ist, daß man die einstma-
lige Anwesenheit von Extraterrestriern akzeptiert. Ich meine, daß meine
Theorie, seit ich sie in die Diskussion einführte, erheblich an Gewicht gewonnen hat. Da es sich als effektiv erwies, daß meine Hypothese, der Prophet Hesekiel habe ein Raumschiff gesehen und beschrieben, ein Faktum
ist, kann ich nicht mehr begreifen, warum man nicht endlich bereit ist,
auch zu akzeptieren, daß Mitglieder der Raumschiffbesatzung an verschiedenen und weit auseinanderliegenden Plätzen auf unserem Erdball
sowohl als Lehrmeister wie auch als Überbringer hochentwickelter
Werkzeuge tätig geworden sein können. Die ganz Klugen mögen weiter-
hin meine Theorie anzweifeln, in jedem Fall müssen sie zugeben, daß es
so aussieht, als ob es für die ursprünglichen Schöpfer der Osterinsel-Sta-
tuen ein Kinderspiel war, die Steinkolosse aus dem harten Felsgestein zu
schneiden. Das alte Argument – fremde Kosmonauten hätten überhaupt
kein Interesse an solchen Tätigkeiten gehabt haben können – sticht bei mir
nicht. Sie hatten ein geradezu lebenswichtiges Interesse daran, unver-
gängliche Steinmonumente zu schaffen oder erschaffen zu lassen. Warum
sie dieses Interesse hatten, das werde ich in einer Zusammenfassung *Meine
Welt* ausführlich darstellen.

147 148 ▽ 149 150 151

120

153   ▽ 154

▽ 152

147–154 Diese Schnappschüsse von der Osterinsel mit ihren roboterähnlichen Steingestalten mögen meine Ansicht belegen helfen, daß diese Arbeiten nie und nimmer mit primitiven Fäustlingen vollendet wurden. In enormen Abständen wurden die Statuen aus dem Fels gelöst: Höhe 1,30 m, Länge: bis zu 32 m. (153–154) *Solche* Zwischenräume mußten mit anderen Werkzeugen als mit leichtgewichtigen Steinfäustlingen erzwungen werden

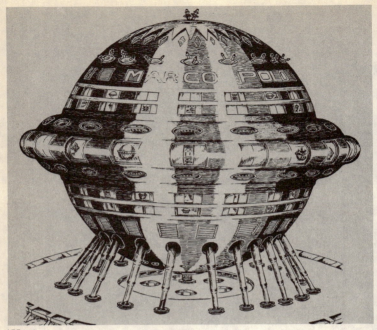

155

Raumschiffe der Zukunft

Alle bisher gebauten und auch in der Planung befindlichen Raumschiffe haben Stromlinie, sind bleistiftförmig. Die Konstruktionen müssen so sein, weil mit den heute verfügbaren Raketen und ihren immer noch relativ schwachen Antriebswerken nur Flugobjekte, die geringstmögliche Reibungsflächen bieten, die »Mauer« der Erdatmosphäre durchstoßen können. Ich bin aber überzeugt, daß Flugkörper der bisherigen Form für interstellaren Verkehr nicht ideal sind; dort, zwischen den Sternen, im luftleeren Raum, kann ein Raumschiff jede nur denkbare *zweckmäßige* Form haben. Das SKYLAB der NASA, das erste Himmelslabor, wirkt mit seinen sechs ausgefahrenen Sonnenzellenpaddeln (die 23 kW elektrischer Energie erzeugen sollen) plump wie eine gigantische Mülltonne mit Stelzen und Fühlern in alle Richtungen. Schon für das Mondlandefahrzeug LEM war die Bleistiftform offensichtlich nicht mehr notwendig. Der *oben abgeflachte Kasten* mit seinen vier Stelzenbeinen raste binnen Se-

156

kunden auf Kommando in die Umlaufbahn des Erdtrabanten. Man sieht: Wo keine atmosphäreähnlichen Bedingungen zu überwinden sind, werden reibungsmindernde Konstruktionen unnötig, sie sind ja wegen ihrer notwendigen Enge sogar hinderlich: Astronauten müssen sich durch schmale Luken und enge Röhren zwängen, bei derart begrenztem Raum müssen Instrumente und Versorgungssysteme über »Stockwerke« verteilt werden, und alle technischen Einrichtungen für den Raketenantrieb müssen sich »am Ende«, also »unten«, befinden.

Reise von Stern zu Stern

Mit den derzeit verfügbaren Flüssigkeitriebwerken wäre eine Reise von Stern zu Stern unmöglich, sie könnten die notwendigen Treibstoffreserven samt Raum für Mannschaften und Geräte nicht ins All transportieren. Drum werden Raumschiffe für interstellare Expeditionen nicht mit Flüs-

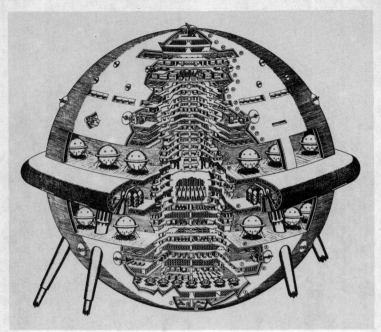

157

sigkeits- oder Feststoffraketen gefahren werden. Atomare Triebwerke – etwa Kernfusionen von Wasserstoff zu Helium –, Triebwerke mittels Materiezerstrahlung oder Photonen werden eines Tages zur Verfügung stehen, denn der Zeitpunkt, zu dem die Technik über jetzt noch unvorstellbare Energien disponieren wird, ist durchaus nicht mehr in einer nebelhaften unbestimmbaren Ferne. Sicher wird eine technische Realisierung in Form von Quanten elektromagnetischer Strahlung, Photonen genannt, möglich werden, die dann eine der Lichtgeschwindigkeit näherkommende Strahlgeschwindigkeit erreicht und für eine nahezu unbegrenzte Dauer Schub abgeben kann. – Um zu zeigen, wie wenig utopisch dieser Gedanke im Vergleich zu bereits laufenden wissenschaftlichen Diskussionen ist, muß ich von Danol Foreman, dem technischen Direktor des Los Alamos Scientific Laboratory, New Mexico, das zur Universität Kalifornien gehört, berichten. Foreman arbeitet für die Amerikanische Atomenergie-Kommission und beschäftigt sich insonderheit mit der Reaktorforschung für die Raumfahrt. Foreman behauptet, die Erde würde

158

zu irgendeinem Zeitpunkt verglühen und stellt die Frage, ob man die Erde vor dieser tödlichen Stunde in eine andere Galaxis bringen kann. »Die Energie für dieses ungeheure Vorhaben«, berichtet Walter Sullivan, »würde man aus der Kernverschmelzung gewinnen, wobei Seewasser als Quelle für den Brennstoff verwendet werden könnte.« Da jedoch der Vorrat an schwerem Wasserstoff im Ozean nicht ausreicht, schlug Foreman vor, Reaktionen zu nutzen, wie sie in der Sonne ablaufen: die Verschmelzung von vier Wasserstoffkernen zu einem Heliumkern.

Transport der Erde in ein anderes Sonnensystem

Sullivan in seinem Buch SIGNALE AUS DEM ALL: »Foreman schlug vor, ein Viertel dieses Brennstoffs für das Entweichen aus dem Schwerefeld der Sonne vorzusehen, ein weiteres Viertel müßte bereitgehalten werden, um den Planeten in ein anderes Sonnensystem zu steuern, während die andere

159 Stilisiertes Abbild eines kugelförmigen Raumfahrzeugs auf einem Zeremonialgerät (Anthropologisches Museum, Mexiko)

160 Aztekische Kultscheibe aus Serpentin. Eine theologisch überhöhte Darstellung eines Astronauten in einer Kugel?

161 Eine viele tausend Jahre alte Dogu-Statuette, Japan, mit eindeutigen Raumfahrermerkmalen

Hälfte für die Fortbewegung zwischen den Sternen und für Licht und Heizung während der Reise bleiben müßte.« Nach Foremans Überzeugung könnte dieses Antriebssystem für die Erde acht Milliarden Jahre lang wirksam bleiben und es dem »Planeten vielleicht ermöglichen, seine Sonne zu überleben und Sonnensysteme zu erreichen, die 1300 Lichtjahre entfernt sind«. Wohlgemerkt: Foreman ist kein Science-fiction-Autor, er führte seinen Dialog mit der Abteilung für Plasmaphysik der Amerikanischen Physikalischen Gesellschaft. Da mir technische Voraussetzungen und Kenntnisse fehlen, wäre meiner Phantasie der Gedanke nicht entsprungen, die ganze Erde in ein anderes Sonnensystem zu transportieren!

Seriöse Wissenschaftler aber, mit den Zukunftsmöglichkeiten der Technik vertraut, sprechen bereits über das für uns noch Undenkbare.

Brennstoffproblem

Um noch mal das Brennstoffproblem für interstellare Raketen anzusprechen, sei darauf verwiesen, daß der berühmte Weltraumbiologe Carl Sagan, USA, meint, es könne durch Aufnahme von Wasserstoff während der Fahrt gelöst werden, um ein interstellares Staustrahltriebwerk mit Energie zu versorgen. – Derart gigantische Raumschiffe müßten auf einer Parkbahn, auf einer Kreisumlaufbahn um den Startplaneten, zusammengesetzt werden. Mit der Huckepackmethode würden die Teile der Riesenkonstruktion nacheinander in einen Orbit geschossen und ineinandergefügt. Damit entfiele von vornherein die technische Notwendigkeit einer Bleistiftform.

Künstliche Schwerkraft

Bleibt das Problem: Woher auch immer die Astronauten kommen mögen, alle sind sie an die Schwerkraft ihrer Heimatwelt gewöhnt. Im Weltall aber gibt es keine Schwerkraft. Für Reisen über Jahre oder Jahrzehnte (Zeitdilatation!) in einem Himmelsschiff werden die Astronauten, die ja »normale« Weltraumarbeitstage verbringen sollen, Schwerkraft benötigen. Schwerkraft muß stimuliert werden. Durch Rotation des Raumschiffes kann man sie herbeizwingen. Man erinnere sich an einen Heimweg vom Milchmann, wenn man die offene Milchkanne in eine

Kugelherden am Moeraki-Beach in Neuseeland

höchstmögliche Drehgeschwindigkeit über Schultern und Waden in einem Kreis brachte. Kein Tropfen Milch schwappte über, obwohl die Flüssigkeit während des Schleuderns für Hundertstelsekunden senkrecht über dem Kopf stand; durch die schnelle Rotation klebte die Milch am Kannenboden, richtiger: an der Decke. Aus der Fliehkraft ergab sich Schwerkraft, ein Schwerefeld wurde simuliert, das gar nicht vorhanden war. – Es ist keine Hypothese, festzustellen, daß man eine solche künstliche Schwerkraft auch in einem Raumschiff herstellen kann – es müßte allerdings Kugelform haben. In Drehbewegung versetzt, entsteht in den äußeren Räumen um den Äquator des Fahrzeugs eine simulierte, aber »echt« wirkende Gravitation. Endlich könnten Mannschaften ohne Magnetschuhe arbeiten, sie könnten liegend schlafen, sie müßten die Nahrung nicht wie die Vögel aus der »Luft« auffangen. Der Boden der Mannschaftsräume läge nicht Richtung Triebwerke, sondern horizontal zur Fahrtrichtung. Während des Starts sind die Astronauten in bekannter Weise angeschnallt – Rücken gegen die Triebwerke. Sind diese abgestellt, und das Raumschiff bewegt sich im freien Fall, wird es in eine Drehbewegung um die eigene Achse versetzt: künstliche Schwerkraft stellt sich ein. Logisch ist, daß Arbeits- und Aufenthaltsräume um den äußeren Ring der Achse liegen müßten, denn dort ist das heimatliche Gefühl der Schwere am deutlichsten spürbar. – Raumschiffe mit monströsen Außenan- und Aufbauten sind reparaturanfällig. SKYLAB zeigte es in dramatischer Weise. Einige hundert Meter lange Antennen oder gar 2000 qm Sonnensegel, die weit hinausragen, haben während der Rotation um die eigene Achse eine größere Geschwindigkeit als das Zentrum des Schiffes. Bei plötzlichem Kurswechsel sind sie hochgefährdet. Nicht nur aus Gründen der herstellbaren Schwerkraft bietet sich für den widerstandslosen interstellaren Raum die Kugel als ideale Form an, meinetwegen auch eine abgeplattete Scheibe vom Typ UFO. Kugel und Scheibe können in Rotation versetzt werden. Innenarchitekten können die Räume um den »Äquator« nach bewährten arbeitsphysiologischen Mustern einrichten. Die gesamte Fläche der Raumschiffhülle kann, auch in Rotation, als Sonnenzelle für die Energieumwandlung dienen. Im All wäre Sonnenenergie zwar kaum zu erzeugen, aber der Verbrauch an Energie wäre – weil sich das Schiff zwischen den Sternen im freien Fall befindet – sehr, sehr gering. Für den Hausgebrauch, die geringste Sorge, würden vorhandene Aggregate, zum Beispiel ein Minireaktor, ausreichend Strom liefern. – Wie soll man sich ein Kugelraumschiff vorstellen? Eine der erfolgreichsten internationalen Science-fiction-Romanserien heißt »Perry Rhodan«. Für die jugendlichen Leser sind Kugelraumschiffe bereits ein selbstverständliches Requisit der Raumfahrt, denn ihre Helden kutschieren in Kugeln durch die Galaxis. Die Grafiker Rudolf Zengerle, Bernhard Stössel und Ingolf Thaler fertig-

163–164 Steinernes Porträt einer unbekannten Rasse, ein Kopf mit Astronautenhelm aus den Höhlen in Ekuador

165–166 Auf einem Wandgemälde im Kloster Desani, Jugoslawien, reist ein

ten mit Akribie und viel technischer Phantasie Querschnittzeichnungen von Kugelraumschiffen an. Es lohnt, diese phantastischen Gebilde aufmerksam anzusehen, und man sollte daran denken, daß die technisch interessierte Jugend hier mit einem Phänomen vertraut wird, das sie vielleicht noch in der Realität erleben wird, sie wird dann aber nicht erstaunt sein. Wurde nicht fast alle Science-fiction schnell von sensationellen technischen Entwicklungen eingeholt? – Mythen, Legenden und frühe Darstellungen scheinen mir Erinnerungen an unsere technische Zukunft zu vermitteln. Da reisen Götter in »blinkenden Eiern« oder landen in »Perlen am Himmel« oder auch ganz schlicht in Kugeln. Im Anthropologischen Nationalmuseum Mexiko sieht man auf sogenannten Zeremonialhölzern

»Engel« in einem kugelförmigen Flugobjekt

den Hauptgott stets in einer Kugel sitzend; auch aztekische Kultscheiben zeigen den Sonnengott, irgendwelche Apparaturen bedienend, in einer Kugel. Auf Zylindersiegeln treten sumerische Götter aus Kugeln heraus oder reiten auf ihnen. Ägyptische Gottheiten des Himmels tragen Kugeln auf den Köpfen. Kugeln mit (Feuer-)Schweifen gibt es im Tal der Könige, geflügelte Kugeln im Tempel in Luxor. Aus dem »Welten-Ei« tritt der Gott Horus. Auf der weltberühmten Stele des Naram-Sin, Enkel von Sargon I., sind Sonne, Mond und *daneben* eine schwebende Kugel abgebildet, zu der Krieger und Musikanten emporstarren. – Weisen Mythen und plastische Darstellungen als ferne Erinnerungen auf künftige Möglichkeiten hin?

 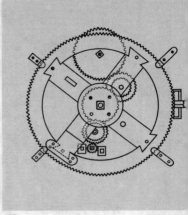

167 168

Die Maschine von Antikythera

Um Ostern 1900 wurde ein griechisches Schwammtaucherboot von einem Sturm an die kleine südliche Felsinsel Antikythera verschlagen. Als das Meer wieder zu Ruhe gekommen war, ließ Kapitän Kondos nach Schwämmen tauchen. In 60 m Tiefe fand die Mannschaft das Wrack eines Schiffes; an Bord lagen Marmor- und Bronzestatuen, seltene blaue Vasen und Gerätschaften. Die Bergung erwies sich als sehr schwierig, im September 1901 wurden die Tauchversuche eingestellt. Inzwischen stellte sich als sicher heraus, daß die Havarie des Schiffes auf dem Grund um 1. Jahrhundert v. d. Z. passiert war. – Dem Archäologen Valerios Stais kam bei der Sichtung des Materials ein unförmiger verkalkter und korodierter Klumpen in die Hand. Als Stais dieses Etwas untersuchte, stieß er auf Teile eines komplizierten Mechanismus mit einem sehr komplexen Zahnradantrieb, der wie ein differentielles Getriebe gearbeitet haben soll. Die ganze Maschinerie besteht aus rund 40 Zahnrädern, neun verstellbaren Skalen und drei Achsen auf einer Grundplatte. Entzifferte Skalen machen den Fund nur noch rätselhafter, denn in keiner Schrift des Altertums wurde ein solches Instrument erwähnt oder beschrieben. Die Apparatur kann nicht älter als ein Jahrhundert v. d. Z. sein, sie ist Teil eines astronomischen Kalenders, der Zyklen und Positionen von Mond und Gestirnen anzeigte. – Kalender hin, Kalender her – woher stammt die Mechanik?

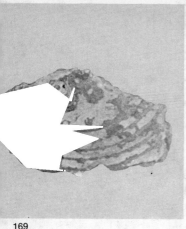
169

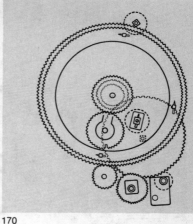
170

Forscher geben zu, daß es in hellenistischer Zeit keine Technologie gab, die diese Maschine hätte produzieren können. Derek J. de Solla Price sagt, daß die Griechen an experimenteller Wissenschaft nicht interessiert waren. Nun weiß aber jedes Kind, daß viele Versuchsmodelle gebaut werden müssen, ehe eine Maschine funktioniert. Hier gilt dieselbe Spielregel. Das Rätsel zeugt neue Rätsel.

Sensationelle Neuheit?

Mit welchen Instrumenten und Werkzeugen wurde die Maschinerie hergestellt? Sie mußten ja auch erst einmal entwickelt werden. Das Endprodukt muß zudem eine sensationelle Neuheit gewesen sein. Warum ist sie, da sie in einer historischen Zeit entstand, nirgends erwähnt, warum hat sie weder Vorläufer noch Nachfahren? Ich sprach mit Technikern und Mathematikern, die die Maschine von Antikythera im National-Archäologischen Museum, Athen, untersuchen durften. Alle sagen, die Präzision sei verblüffend, sie zeige Abweichungen von nur $1/10$ mm, sonst würden 40 Zahnräder mit einem Zentralrad von 240 Zähnen bei einer Zahnhöhe von 1,3 mm auch schnell falsche Werte ergeben.

Von welchem astronautischen Paten stammt dieses kleine aufmerksame Geschenk?

171 Diese Petroglyphe an einem Fels bei Monte Alban, Mexiko, zeigt wohl zweifelsfrei eine technische Apparatur. Leicht kann man sich etwa ein spitz zulaufendes Bohrgerät (Heimwerker!) vorstellen, mit Handgriffen und Schraubenflügeln

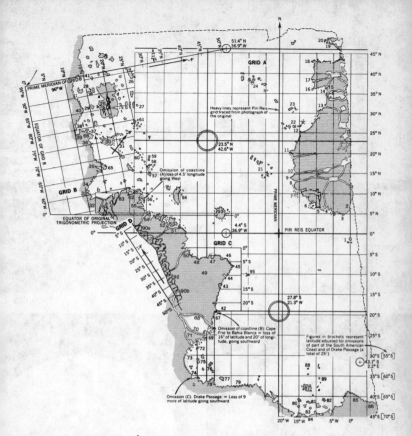

172 Im Farbteil wird die Originalkarte des türkischen Admirals Piri Reis wiedergegeben. Hier wurde über das Original von Kartographen unserer Tage ein Koordinatennetz gelegt, um es auf einen Globus übertragen zu können. Was dabei herauskam, berichte ich auf den folgenden Seiten...

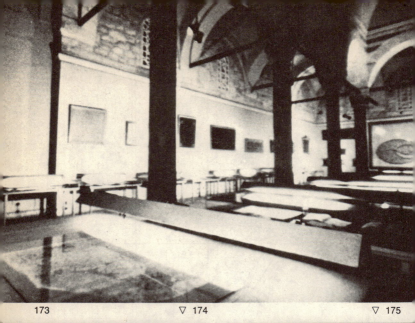

173 ▽ 174 ▽ 175

136

Der Topkapi-Palast in Istanbul wurde 1929 in ein Museum für Altertümer umgewandelt. Am 9. November fand B. Halil Eldem, Direktor des Türkischen Nationalmuseums, zwei Fragmente einer Karte des Seemanns Piri Reis, der das Amt eines Admirals der Flotten im Roten Meer und im Persischen Golf bekleidet hatte. 1513 begann er in der Stadt Gallipoli mit dem Zeichnen der Karten – 1517 überreichte er sie während eines Aufenthaltes dem Eroberer von Ägypten, Sultan Selim I. – Piri Reis hatte in der Türkei vor diesem Fund schon eine Berühmtheit als Kartograph, besaß man doch bereits 215 von ihm gezeichnete Karten, die er in der Beischrift »Bahriye« kommentiert hatte. Dieser Fund der in feinen Farben auf Gazellenhaut gezeichneten Karten waren Fragmente der verschollen geglaubten *Weltkarten* des Flottenchefs.

In der »Bahriye« schreibt Piri Reis:

> Gezeichnet hat sie [die Karten] der arme Piri Reis, Sohn des Hadschi Mehmet, der bekannt ist als Brudersohn des Kemal Reis, in der Stadt Gelibolu [Gallipoli]. Gott verzeihe ihnen beiden, im Monat des geheiligten Muharrem des Jahres 919 [9. März – 7. April 1513].

Die rätselhaften Karten des Piri Reis

In den vierziger Jahren unseres Jahrhunderts wurden Kopien dieser Teilstücke einer Weltkarte in großem Maßstab von mehreren Museen und Bibliotheken erworben. 1954 kamen die Blätter auf den Schreibtisch des amerikanischen Kartographen Arlington H. Mallery, der sich über Jahrzehnte auf alte Seekarten spezialisiert hatte. Die Blätter faszinierten Mallery, weil dort Kontinente, zum Beispiel die Antarktis, eingezeichnet sind, die 1513 noch nicht entdeckt waren. – Piri Reis gibt in der »Bahriye« an, daß er seine Weltkarte aus 20 verschiedenen Karten zusammensetzte und für die Gestade und Inseln der Antilia auch eine Karte von Christoph Kolumbus benutzte; es ist anzumerken, daß bisher keine Kolumbus-Karte gefunden wurde. In der Beischrift sind über Amerika den Zeitgenossen unbekannte Details festgehalten, die Reis über den 1511 von der Entdeckungsreise zurückgekehrten Kolumbus erfahren haben könnte. Theoretisch ist das möglich, doch war sich Piri Reis der Außerordentlichkeit seines Werkes bewußt. Er schrieb: »Eine Karte von der Art dieser Karte besitzt dieser Zeit niemand.«

Land unter Eis

Arlington Mallery bat seinen Kollegen Walters vom Hydrographischen Institut der US NAVY um Mitarbeit. Walters verblüffte auf Anhieb die Exaktheit der Abstände zwischen der Alten und der Neuen Welt: Anfang des 15. Jahrhunderts war Amerika noch nirgends vermerkt. Lokalisierungen der Kanarischen Inseln oder der Azoren waren ebenso verblüffend. Die beiden Männer bemerkten auch, daß Piri Reis entweder nicht die zu seiner Zeit üblichen Koordinaten benutzt oder die Erde für eine Scheibe gehalten hatte. Das machte die Forscher stutzig, und um der Sache auf den Grund zu kommen, bastelten sie ein Lesegitter, mit dem sie die alten Karten auf einen modernen Globus übertragen konnten. Nun erst war die Überraschung perfekt: Nicht nur die Konturen der Küsten von Süd- und Nordamerika, auch die Umrisse der Antarktis saßen genau dort, wohin sie nach heutigen Kenntnissen gehören. Auf der Piri-Reis-Weltkarte verläuft der südamerikanische Zipfel von Feuerland aus in eine schmale Landverbindung und breitet sich dann zur Antarktis aus. *Heute* tobt südlich von Feuerland stürmische See. Millimeter um Millimeter wurde Reis' Karte mit Bodenprofilen verglichen, die mit modernsten Mitteln aus der Luft angefertigt wurden, auf der Basis von Infrarotaufnahmen durch Wasser hindurch, mit Echolotungen von Schiffen aus. Tatsächlich, stellte man fest, hat es vor rund 11 000 Jahren, gegen Ende der Eiszeit, diese Landbrücke zwischen Südamerika und der Antarktis gegeben! In der Antarktis hatte Piri Reis mit penibler Genauigkeit Küstenlinien, Inseln, Buchten und Berggipfel kartographiert. Man kann sie heute nicht mehr sehen. Sie liegen unter einer Eisdecke. – Während des »Internationalen Geophysikalischen Jahres 1957« nahm sich auch Pater Lineham, damals Direktor der Sternwarte Weston und Kartograph der US NAVY, der Karten an. Er kam zum gleichen Schluß: Die Karten (besonders der Raum der Antarktis) sind von unfaßlicher Präzision mit Angaben, die *uns* erst durch die schwedisch-britisch-norwegischen Antarktisexpeditionen von 1949 und 1952 bekannt wurden. – Am 28. August 1958 stellten sich Mallery und Lineham unter Gesprächsleiter Warren in der Universität Georgetown einem Hearing. Hier Sätze aus dem Protokoll: *Warren:* Es ist schwierig für uns heute, zu verstehen, wie Kartographen so genau sein konnten, so viele Jahrhunderte vor uns, während wir erst kürzlich die moderne wissenschaftliche Methode der Kartographie erfanden. – *Mallery:* Dies ist natürlich ein Problem gewesen, über das wir rätselten... Wir können uns jedenfalls nicht vorstellen, wie sie eine so genaue Karte ohne Flugzeug hätten herstellen können. Tatsache ist, daß sie sie herstellten, und nicht nur das, sie bestimmten die Längengrade absolut korrekt, etwas, was wir erst vor zwei Jahrhunderten zu tun imstande waren. – *Warren:* Pater Lineham, Sie haben an der seismischen Erforschung der Antarktis teilgenommen. Teilen Sie den Enthusiasmus über diese neuen Entdeckungen? – *Lineham:* Sicherlich tue ich das. Wir finden mit der seismischen Methode Dinge heraus, die eine Menge der Zeichnungen zu beweisen scheinen, die auf den Karten gemacht wurden: die Landmassen, die Projektion der Berge, der Meere, Inseln ... ich denke, mit der seismischen Methode können wir mehr Eis von diesen Ländern wegnehmen, die auf den Karten verzeichnet sind, und das wird beweisen, daß diese Karten noch korrekter sind, als wir jetzt zu glauben geneigt sind.

Verblüffung und keine Lösung

Inzwischen beschäftigte sich der grand old man der Kartographie, Professor Charles H. Hapgood, mit Piri Reis. In einer Korrespondenz mit der US AIR FORCE, die die Antarktis kartographierte, bekam Hapgood am 6. Juli 1960 vom Kommandanten Harold Z. Ohlmeyer diesen Brief: »Die Küstenlinien müssen kartographiert worden sein, bevor die Antarktis mit Eis bedeckt war. Das Eis in diesem Gebiet ist heute etwa eine Meile dick. Wir haben keine Ahnung, wie die Daten auf dieser Karte mit dem geographischen Wissen von 1513 vereinbart werden können.« – Die Piri-Reis-Karten sind ein lästiges Indiz für meine Theorie früher Besucher aus dem All. Für mich ist klar: Extraterrestrier kartographierten von Orbitalstationen aus den Planeten; die Karten machten sie beim Besuch einem Vorfahren zum Geschenk; als heilige Requisiten überdauerten sie Jahrtausende und gelangten schließlich in die Hände des tüchtigen Admirals. Als er seine Weltkarte zeichnete, ahnte er nicht, was er darstellte. Die Piri-Reis-Karte wurde mit modernen Karten verglichen, die Abweichungen sind minimal:

Geographischer Punkt Heutige Position	Piri Reis	Abweichungen zu heute
Gibraltar:		
36,0 N 5,5 W	35,0 N 7,0 W	1,0 S 1,5 W
The Canary Islands:		
27–29 N 13–17 W	26–28 N 14–20 W	1,0 S 1,0 W
Gulf of Venezuela:		
11–12 N 71,0 W	10–11 N 6 5,0 W+4,5	0,0 –1,5 E

176–180 Sete Cidades im Staate Piaui, Brasilien, die »Sieben Städte«, um die bisher ohne Lösung gerätselt wird. Künstliche Anlage, wilde Formgebung der Natur ... oder eine Kombination aus beiden Möglichkeiten?

178

179

▽ 180

Sieben Städte ohne Vergangenheit

Wer hat Muße, daran zu denken, wie viele ungelöste Rätsel es auf unserer kleinen Welt gibt? Wer hat Gelegenheit, sie zu sehen? Ich habe es mir zur Aufgabe gemacht, solche geheimnisumwitterten Orte aufzusuchen, zu prüfen, ob sie Argumente für meine Theorien sind, *und* sie meinen Lesern zu präsentieren. Auf Einladung der Regierung von Piaui, Brasilien, suchte ich die Sete Cidades (Sieben Städte) auf, die nördlich von Teresina zwischen dem Städtchen Piripiri und dem Rio Longe liegen. Es ist nicht definitiv zu sagen, ob es sich um durch Hitze zerstörte Ruinen oder um natürliche Erosionen von Felsen handelt. Ich wittere hinter all der Unordnung einen Plan. Es gibt sieben Bezirke, die durch Straßen verbunden gewesen zu sein scheinen. Es sind keine »Ruinen«, es gibt keine Monolithen, aufgeschichtete Steine, Stufen oder Treppen, kein erkennbar bearbeitetes Material. Es ist ein geheimnisvoller Ort. Wenn hier die Felsen erosierten, warum taten sie es nicht ringsum? Woher stammt die bröselige Metallmasse, die in roten Tränen von den Wänden tropft? Ich kenne die Bänder von Mineralien, die in bizarren Formen geologische Schichten ins Gestein zeichnen. Hier verlaufen diese Bänder schnurgerade und waagrecht, knicken plötzlich im rechten Winkel ein, um wieder in Geraden nach oben oder unten zu verlaufen. Daumendicke Blasen, als ob der Fels einst gekocht hätte. Was geschah je hier? Die Felsmalereien sind gesicherte Fakten, man kann sie sehen, anfassen und fotografieren. Sie sind viel jünger als die Steine ihrer Umgebung. Wieder weiß man nicht, wer wann die Zeichnungen in dieser apokalyptischen Landschaft schuf. Die Motive kennen wir von vielen Orten. Sete Cidades ist ein Ort mit gleich zwei Doppelgängern. Sete Cidades im Atlantik, Kanarische Inseln – Sete Cidades in Australien im sogenannten Arnhem-Land, südöstlich von der Stadt Darwin.

Die Legenden der drei »Sieben Städte« scheinen verwandt zu sein. Ich werde noch davon sprechen.

Nan Madol – Festung im Urwald?

Mit einer Gesamtfläche von 1340 qkm sind die Karolinen die größte Inselgruppe Mikronesiens im nordwestlichen Ozeanien. Unter den rund 1500 Inseln ist Ponape mit 504 qkm die größte, um die herum Inselchen verstreut sind; eins davon heißt – mit 0,44 qkm etwa so groß wie die Vatikanstadt – offiziell Temuen, wird aber der gewaltigen Ruinen von Nan Madol wegen Nan Madol genannt. Wieder einmal ist die Entstehungszeit der Anlagen nicht datiert, und niemand weiß, wer die Erbauer waren. Aktenkundig ist lediglich, daß 1595, als der portugiesische Seefahrer Pedro Fernandes de Quiros mit seiner »San Jeronimo« in Temuen landete, sich die Bauten den Weißen bereits als Ruinen darboten. – Da wir den Ursprung der Anlagen nicht kennen, tappen wir erst recht im dunkeln, wenn wir nach dem Grund, nach Sinn und Zweck der Bauten fragen. Warum machte sich irgendwann irgendwer die kolossalen Mühen, rund 400 000 mächtige Basaltklötze von der Nordküste Ponapes, wo Säulenbasalt gewonnen wurde, auf dieses verlorene Inselchen zu schaffen? Wenn denn schon »Tempel« entstehen mußten, weshalb wurden sie dann nicht in der Nähe der Basaltsteinbrüche errichtet? Heute noch sind die Mauern der Ruinen teilweise über 14 m hoch und bis zu 860 m lang. War schon die Herstellung der durchschnittlich drei bis neun Meter langen, oft über zehn Tonnen schweren Blöcke mühevoll, ist schließlich deren Transport auch mit einem Heer starker Männer durch den unwegsamen Urwald geradezu unvorstellbar. Wären bei einer Arbeit rund um die Uhr je Tag vier mehrere Tonnen schwere Basaltklötze gebrochen, bearbeitet und von der Nordküste nach Nan Madol gebracht worden, wären 296 Jahre zu Vollendung der unsinnigen Arbeit notwendig gewesen. Es war auf dem Inselchen immer nur für wenig Menschen Platz. Woher also kamen die riesigen, doch notwendigen Arbeiterheere? – Nan Madol ist keine »schöne« Stadt, sie zeigt eine nüchterne Zweckarchitektur, nichts von der verschwenderischen Pracht anderer Südseebauten. Es war wohl eine Verteidigungsanlage. In seinem Buch »Der maßlose Ozean« sagte Herbert Rittlinger, Ponape sei Mittelpunkt eines prächtigen Staates gewesen, Perlenfischer hätten den Grund nach Schätzen abgesucht und von Säulen und Särgen berichtet. 1919 kamen die Karolinen unter japanisches Mandat. Perlenfischer hielten sich an die Legenden, suchten und brachten Platinstücke an die Oberfläche. Unter den Japanern wurde Platin de facto Hauptausfuhrartikel, dabei gibt es im Inselgestein kein Platin. Durch das klare Wasser sah ich, daß Bauten auf die Insel »zuwachsen« und dort in der Architektur ihre Fortsetzung finden, die allemal zum »Heiligen Brunnen« führt. War es gar kein Brunnen, sondern der Einstieg zu einer unterirdischen Anlage? Sollten die Bauten den Einstieg schützen? Süd-

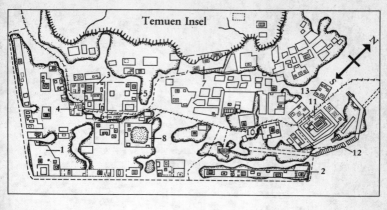

Zeichenerklärung:

	Hausfundamente	- - - - - - -	unvollständige Bauten
	Fundamente mit Feuerloch	– – – – –	Kanal
	Begräbnisgewölbe	~~~~~~~	Hauptkanal

seeinsulaner hätten solche Tiefbauten nicht anlegen können. Halfen auch hier fremde Besucher? Die Legende berichtet von einem fliegenden feuerspeienden Drachen, der die Kanäle aushob und die Inseln entstehen ließ, und von seinem Zauberer, der mit einem Spruch die Basaltklötze herüberfliegen ließ. Mich befriedigt die Erklärung von der Hilfe fremder Astronauten auch nicht: Warum suchten sie dieses mickrige Inselchen aus? Dieses Handikap gilt dann aber auch für die Südseeinsulaner für den Fall, daß sie die Erbauer waren. Was bleibt, ist eines der vielen ungelösten Rätsel auf unserer alten Erde...

183

184 ▽

185

186 ▽

Die Südseeinseln zwischen Australien, Indonesien und den küstennahen Inseln Amerikas im Stillen Ozean haben 1,25 Millionen qkm Fläche auf einem Meeresraum von 70 Millionen qkm. Dort leben Papua, Melanesier, Polynesier und Mikronesier. Schätze aus der Geschichte der Insulaner werden in Museen gehütet; so finden sich in Auckland (Neuseeland) wie im Bishop-Museum (Honolulu) Ritualmasken der Südseeinsulaner. Sie stülpten sich diese Masken übers Gesicht und mühten sich, in rituellen Tänzen Flugbewegungen nachzuahmen. Mit heutigem Blick erkennt man, meine ich, in den angeblichen Ritualmasken unschwer schlechte Kopien von Einmann-Fluggeräten. Von oben her über den Kopf gestülpt, waren die herunterklappbaren Flachhölzer Imitationen von Flügeln: man sieht an den unteren Enden die Löcher zum Einschlüpfen. Selbst Arm- und Beinstützen wie das Korsett, in das sich die Flieger zwängen mußten, sind den Folklorekünstlern über Jahrtausende in Erinnerung geblieben. Freilich wissen die Insulaner längst nicht mehr, *warum* sie Götter, Könige oder Häuptlinge mit so komplizierten Apparaturen schmücken – *fliegen* kann damit kein Mensch, doch die Fluggewänder fremder Besucher wurden Teil der Folklore. Ritualmasken? Daß ich nicht lache...

◁187 Eine Ritualmaske aus dem Museum Auckland, Neuseeland

188 In einem magischen Vogel sitzend, fliegt – der Maori-Legende folgend – Gott Pourangahua von seinem legendären Wohnsitz Hawaiki aus nach Neuseeland

189 Salesianer-Pater Carlo Crespi im Hof der Armenkirche Maria Auxiliadora in Cuenca

Crespi und seine Schätze

Pater Carlo Crespi, der aus Mailand stammt, lebt seit über 50 Jahren in dem ecuadorianischen Städtchen Cuenca, er ist Seelsorger der Armenkirche Maria Auxiliadora. Crespi wurde von den Indianern als echter Freund akzeptiert, aus irgendwelchen Verstecken schleppten sie ihm Geschenke herbei. Schließlich besaß der Pater so viele Kostbarkeiten, die in seiner Wohnung und in der Kirche lagerten, daß er eines Tages vom Vatikan die Erlaubnis bekam, ein Museum zu eröffnen. Dieses Museum in der Salesianer-Schule in Cuenca wuchs und wuchs, es war 1960 eines der größten Museen Ecuadors, und Crespi war als archäologische Kapazität anerkannt. Immer aber war er ein unbequemer Diener seiner Kirche, denn er behauptete vehement, er könne beweisen, daß zwischen der Alten Welt (Babylon) und der Neuen Welt (präinkaische Kulturen) eine direkte Verbindung bestanden habe, und das ging stracks gegen die obwaltende Meinung. – Am 20. Juli 1962 ist das Museum des Paters abgebrannt, es war Brandstiftung. Was Pater Crespi damals retten konnte, liegt heute in zwei langen schmalen Räumen, in denen eine fürchterliche Unordnung herrscht. Messing, Kupfer, Blech, Zink, Stein- und Holzarbeiten ... und in allen diesem Wirrwarr echtes Gold, Goldblech, Silber und Silberblech. Eilige Besucher behaupten nun, der 90jährige alte Herr wäre senil und unfähig, Messing von Gold zu unterscheiden, er besäße nichts als wertlosen Kitsch, der von heute lebenden Indios angefertigt und dem Pater angedreht worden sei. Tatsächlich ist Crespi heute nicht mehr im Vollbesitz seiner geistigen Kräfte, aber er war es, als er in der Blüte seines Lebens als renommierter Archäologe sein Museum aufbaute. Es war kein Kitsch-Museum. Alle Gegenstände, die ich hier zeige, stammen aus dem berühmten Crespi-Museum, sie wurden gerettet, sie sind keine modernen Fälschungen. Die meisten Gegenstände stammen aus unterirdischen Verstecken, die die Indios in Massen kennen. Alle Motive entstammen inkaischen oder präinkaischen Zeiten, christliche Symbole sind nicht darunter. In Crespis Sammlung befinden sich Metall- und Steinplastiken mit völlig unbekannten Tieren, vorsintflutliche Monstren, Sagengestalten aus Mythen und Legenden, mehrköpfige Schlangen, Vögel mit sechs Beinen. Auf Gold- und Silberplatten tauchen Elefanten auf; man hat zwar in Nordamerika und Mexiko Elefantenknochen gefunden und sie auf 12 000 Jahre v. d. Z. datiert. In Inkazeiten, deren Anfänge um 1200 v. d. Z. nachzuweisen sind, gab es in Südamerika keine Elefanten mehr. Entweder hatten die Inkas Elefantenbesuch aus Afrika, oder die Darstellungen sind älter als 12 000 Jahre. Entweder–Oder.

190

191

192

▽ 193 ▽ 194 ▽ 195

152

196   197

190–197   Acht figürliche Darstellungen aus Crespis Kollektion. – Rätsel birgt jede Darstellung, erklärbar ist bisher keine. Mit wachen Augen betrachtet, enthält jede allbezogene Embleme

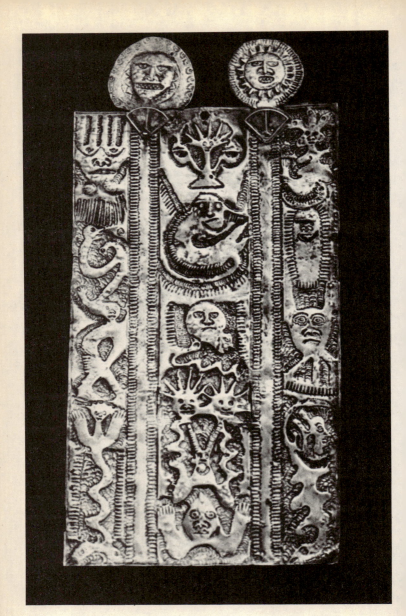

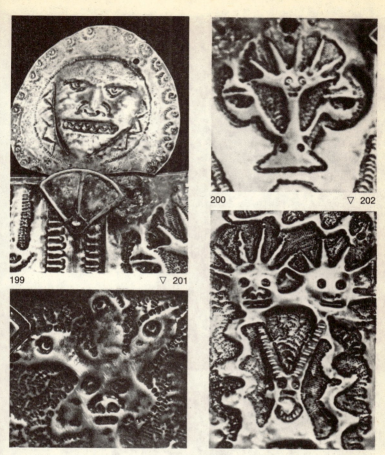

198–202 Diese Metallplatte erzählt wahrscheinlich eine kontinuierliche Geschichte. In verwirrender Fülle zeigen die einzelnen Bildfelder Detailkompositionen, die ineinander übergehen. – Crespi, in seinen besten Mannesjahren ein hochgeachteter archäologischer Forscher, ist überzeugt, daß diese »Cartoons« aus präinkaischer Zeit berichten. – Zur Anregung der Betrachterphantasie werden hier einige Kader der Tafel in Vergrößerungen wiedergegeben: ein Gesicht mit Sonnenkranz und nichtdechiffrierten Zeichen (199) – ein giraffenartiger Kopf mit Strahlen, zwischen denen die feine Bearbeitung des Metalls erkennbar ist (200) – ein affenartiger Kopf, aus dem wie Polypen Augen wachsen (201) – eine fraglos absichtsvolle Verbindung von drei strahlenbesetzten Köpfen (202). – Das Ganze ein faszinierender Rebus

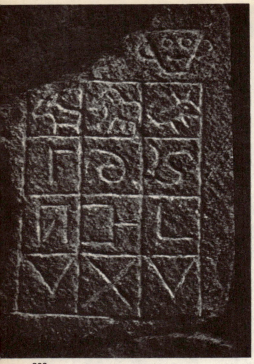

203 Eine Steintafel mit Übergängen vom Ideogramm zur Schrift

204 Tontafel mit 25 indianischen Schriftzeichen

205 Steinpyramide. Über den Schriftzeichen ein Elefant

206 Goldblech mit der Darstellung einer in Südamerika unbekannten ägyptischen Pyramide. Das Schriftband vom Fuß der Pyramide vergrößert (207)

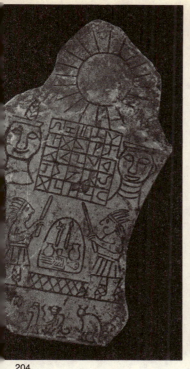

204

205

Sind die Schriftzeichen auf den Metallplastiken in Cuenca älter als alle bisher bekannten Schriften? Um 2000 v. d. Z. sollen aus der Kreuzung von ägyptischen und babylonischen Kultureinflüssen in Phönizien die Keilschrift, in Ägypten die Hieroglyphen entstanden sein. Daraus gemixt, soll die vorisraelitische Bevölkerung Palästinas eine vereinfachte Silbenschrift mit 100 Zeichen gehabt haben; daraus wiederum soll 1700 v. d. Z. das phönizische Buchstabenalphabet entwickelt worden sein. Die Wissenschaft behauptet, die Inkas hätten keine Schrift im alphabetischen Sinne gehabt, wohl die Quipus eine Knotenschrift, aber die hätte nichts mit Schriftzeichen zu tun. Was sagen Ethnologen und Amerikanisten zu den Schriftzeichen von Cuenca? 56 verschiedene Buchstaben oder Symbole liegen vor. Ich möchte wissen, was hier mitgeteilt wird. Eine Analyse der Metall-Legierungen, in die sie graviert wurden, halte ich neben dieser brennenden Frage für zweitrangig.

157

208

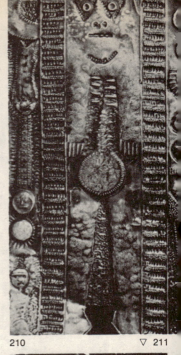
▽ 209

210

▽ 211

208–215 Der oberste Herrscher der Inkas, vermutlich auch der präinkaischen Stämme, war der »Sohn der Sonne«. Dieser Sonnenabkömmling wurde möglicherweise hier porträtiert, denn auf dem Stirnband prangt die Sonne (208, 209). Links und rechts laufen »Filme«, deren Felder meiner Ansicht nach Ereignisse im Sonnensystem zeigen. – Auch die Plastik (210) bringt Ideogramme mit Sonnendarstellungen. In der linken unteren Ecke (211) wird ein Kind aus der Sonne geboren. – Belege für meine These, daß die Schlange in mythologischen Berichten ihren angestammten Platz hat, beweisen auch im optischen Bericht immer wieder die präinkaischen Arbeiten (212–215)

216

216–225 Wirklich mysteriös und unerklärlich sind heute noch die in diese Silber-Zink-Scheibe eingehämmerten mythologischen Bilder. Sie müssen mehr als nur künstlerische Arabesken sein. Vergrößerungen von Sektoren mögen zu eigenen Überlegungen animieren

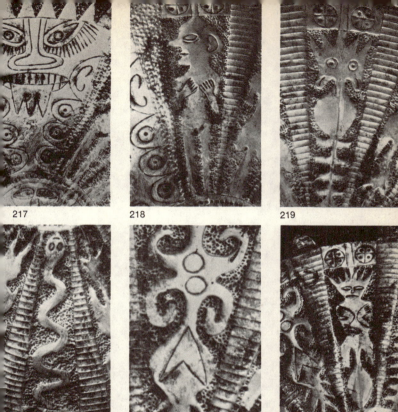
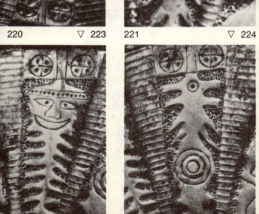

217 218 219
220 ▽ 223 221 ▽ 224 222 ▽ 225

226 227

226–229 In einem Schuppen, der zur Armenkirche gehört, verbirgt Pater Crespi 30 gravierte Silberfolien von 10 bis 26 m Länge und einer durchschnittlichen Breite von 1,30 m. Fälschungen! sagen die Neunmalklugen. Welche Vorlagen sollen denn hier gefälscht worden sein? Wenn aber ein indianischer »Fälscher« alle Motive frei erfunden hat, muß der Mann ein Genie gewesen sein und ein Gemütsmensch noch dazu. Wer stichelt und hämmert denn freiwillig (und für wen?) über 20 m lange Bleche? Um sie dem Pater zu schenken? Außerdem müßte dieser sagenhafte »Fälscher« auch noch ein reicher Mann gewesen sein, denn das Material ist vergleichsweise von kostbarer Beschaffenheit

227–228 Zwei Goldblech-Stelen von vielen. Die Sonne bescheint eine paradiesische Idylle

Botschaft für fremde Intelligenzen

Mit der Sonde PIONEER F (= Jupiter 10) wurde im März 1972 der erste Satellit in den Himmel geschossen, der unser Sonnensystem verlassen wird. Bereits im April 1973 durchquerte die Sonde, ohne Schaden zu nehmen, den gefährlichen Asteroidengürtel und rast nun am Jupiter vorbei ins All. Damit ergibt sich die theoretische Möglichkeit, das PIONEER F Jahrtausende unterwegs sein wird, er kann sogar von fremden Intelligenzen geortet und eingefangen werden. Um für diesen Fall der Sonde einen Steckbrief – wer? wann? woher? – mitzugeben, codierten die amerikanischen Astrophysiker und Exobiologen Carl Sagan und Frank Drake eine mit Gold überzogene Aluminiumplakette. Sie enthält Mitteilungen für einen unbekannten Empfänger. Sagan und Drake gingen davon aus, daß jeder fremden Intelligenz ein Wasserstoffatom vertraut ist und daß sie auch das binäre Zahlensystem kennt, denn es ist die Sprache aller logisch aufgebauten Computer, müßte also am ehesten verstanden werden. Der schematische Umriß der Sonde auf der Flugbahn Erde–Jupiter ist eingraviert, davor stehen zwei nackte Menschen, hinter ihnen wird die Sonne, zu ihren Füßen unser Sonnensystem dargestellt. Falls fremde Intelligenzen das binäre Zahlensystem beherrschen, können sie alle Angaben entziffern. – Was aber wäre geschehen, wenn eine solche Sonde beispielsweise in die Kultur der Inkas hineingeplatzt wäre? Sie wußten nichts vom binären Zahlencodex, nichts von der Struktur des Wasserstoffatoms. Die Finder hätten die Goldplatte (Armer Crespi, es war auch nur mit Gold überzogenes Aluminium!) zum Herrscher gebracht, und der hätte sie an den Sohn der Sonne, den König, weitergeleitet. Niemand hätte zwar Zeichnungen und Symbole deuten können, aber man hätte sich genau schildern lassen, wann und wie diese Meldung von den Göttern auf der Erde eintraf. Etwas, was vom Himmel fiel, mußte von den Göttern kommen! Die hohen Herrschaften gaben Weisung, Kopien anzufertigen und sie zum Ruhme der Götter in den Tempeln anzubringen. – Ich frage mich, ob ähnliche Meldungen nicht längst auf unserem Planeten eingetroffen sind. Liegen sie in Museen und Tempeln? Warten sie im Erdreich darauf, gefunden zu werden? »Entdeckungen« wie die nebenstehende Plakette aus Cuenca veranlassen mich, zu fragen, was denn dieses Skelett um dessen Schädel 44 Punkte sitzen, aussagen soll. Das Skelett steht auf einer Zickzacklinie und zehn Punkten. Zum rechten Rand hin wurde die Symmetrie plötzlich aufgegeben. Zehn Querlinien haben je eine unterschiedliche Zahl von Strichen. Bei der PIONEER-Plakette hat man sich was gedacht, warum nicht bei dieser?

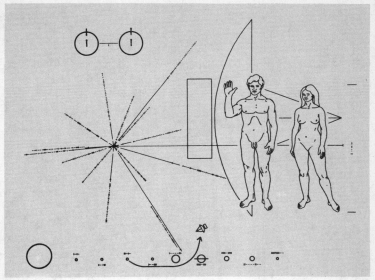

230

231

Schöpfer und Erschaffen

> Viracocha, Herr der Welt!
> Du bist nicht Mann, nicht Frau,
> Herr der Verehrung.
> Du bist der, welcher sogar mit Speichel
> Zauber bewirkt.
> Wo bist du?
> Zeige Dich Deinem Sohn!
> Mag er unten, mag er oben sein
> oder vielleicht draußen im Weltall ...

... heißt es in einem von Chronisten überlieferten Gebet an Viracocha. Viracocha war die höchste Gottheit der Inkas, er galt als oberster und letzter Schöpfer und Erschaffer aller anderen Götter, er war Mann und Weib zugleich. Man nimmt an, daß er in Tiahuanaco verehrt wurde. Viracocha war aber auch der Lehrer des Volkes, dem es seine Kenntnisse verdankte. Nach der Schöpfung und hinterlassenen Weisungen verschwand er im Himmel – allerdings nicht ohne das Versprechen, wiederzukommen. Wahrscheinlich hatte Viracocha bei den Inkas eine ähnliche Funktion wie Kukulkan bei den Maya und Quetzalcoatl bei den Azteken.
Der brasilianische Inka-Sprachforscher Lubomir Zaphyrof hat festgestellt, daß heute noch von den Tschuwaschen, einem tatarisch-finnischen Volk in Rußland, rund 120 zusammengesetzte inkaische Wörter gesprochen werden. Sie finden ihre präzise Erklärung durch etwa 170 einfache tschuwaschische Wörter. Vor allem, sagt Zaphyrof, sind Wörter der inkaischen Mythologie erhalten geblieben. Wenige Beispiele:
Wiracocha = guter Geist aus dem Weltraum
Kon tiksi illa Wiracocha = Herrscher von höchster Herkunft, strahlend wie der Blitz, der gute Geist aus dem Weltraum
Chuvash = Gott aus dem Licht
Es gibt auch für die vergleichende Völkerkunde noch viele harte Nüsse zu knacken.

◁232 Wer vor den Schätzen ... und dem Gerümpel in Kammern und Schuppen der Crespi-Kirche gestanden hat, wer darin wühlen durfte, tut sich schwer, auch nur eine annähernde Präsentation alles Ungedeuteten vorzulegen. Ich habe es mit den vorstehenden Abbildungen, die im Farbteil prächtig ergänzt werden, versucht. – Als die weißen Eroberer einbrachen, wurden alle nichtchristlichen Symbole vernichtet, ausgerottet. Unter der barbarischen Herrschaft der Inquisition konnte es kein Inka-Künstler mehr riskieren, Symbole und Bilder der Überlieferung zu verwenden. Da keines der hier gezeigten Bilder christliche Ornamente trägt, möchte ich mich der Meinung des heute greisenhaften Paters anschließen, der in seinen besten Jahren sagte: »Alle diese Darstellungen stammen aus präinkaischer Zeit.«

234   ▽235   ▽236   ▽237

 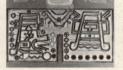 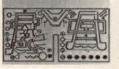

168

238 Eine präinkaische Vase aus der ekuadorianischen Höhlenwelt, Cuenca
239 Goldenes Flugzeugmodell. Goldmuseum Bogota, Kolumbien

◁234–237 Im Museo Regional in Oaxaca (Mexico) liegt dieser 12 cm hohe goldene Anhänger des mixtekischen Totengottes Mictlantecutli. Der Anhänger wurde in einem Grab bei Monte Alban gefunden. Was bedeutet die Ornamentik auf der Brust des Totengottes? Lediglich eine Laune des Künstlers? Oder war auch dazu eine uralte, technische Vorlage vorhanden?
Tatsächlich läßt sich aus der Brustverzierung mühelos eine moderne integrierte Schaltung der Elektronik ableiten!

169

240 241

Indianer im Astronautendress

1952 konnte zum erstenmal Kontakt mit den in Brasilien am oberen Amazonas lebenden Kayapo-Indianern aufgenommen werden. Was mir in bezug auf meine Theorien wichtig ist, zeigen die Kayapos bei allen Festlichkeiten: die eigenartigen Strohgewänder, in die sie sich einhüllen. Joao Americo Peret, einer der wesentlichen Indianerforscher, ermittelte den Schöpfungsmythos der Kayapos. Danach sei vor einer unbekannten Zahl von Generationen auf dem nahen Berg ein großes Beben mit Rauch und

Feuer entstanden, entsetzt seien die Bewohner ins Dorf geflüchtet. Nach einigen Tagen hätten junge Krieger Mut gefaßt und versucht, den Fremden, der aus dem Beben kam, zu töten – indes: Giftpfeile, Lanzen und Keulen seien an ihm abgeprallt, er habe die mutigen Krieger ausgelacht.

Kniffe der Waffentechnik

Aber der Fremde sei unter den Vorfahren im Dorf geblieben, man habe sich an seine Gegenwart gewöhnt und von ihm die Sprache der Kayapo gelernt, auch habe er ihnen manche Kniffe der Waffentechnik für die Jagd beigebracht, habe die erste Schule eingerichtet, das Jünglingshaus, und sie die Gesetze des Ackerbaus gelehrt. Der Fremde habe sich Bep-Kororoti genannt, was sinngemäß bedeutet: »Ich komme aus dem Weltall.« Eines Tages, so weiß die Legende heute noch, habe dieser Bep-Kororoti wieder seinen eigenartigen weißglänzenden Anzug übergestreift und mitgeteilt, seine Zeit wäre um, er würde nun wieder »abgeholt«, niemand aber dürfe ihm folgen. Dennoch wären ihm neugierige Jünglinge nachgeschlichen, als er auf den Berg gegangen sei. Sie beobachteten wieder Rauch und Feuer, hörten fürchterlichen Lärm ... und sie hätten gesehen, wie der Fremde himmelwärts entschwunden sei. – In Erinnerung an diesen himmlischen Lehrmeister, sagt Peret, kleiden sich die Kayapo-Indianer heute mit ihren seltsamen Strohanzugmodellen nach dem Vorbild. – Die Bilder auf diesen Seiten entstanden, es sei deutlich darauf hingewiesen, im Jahre 1952, also lange bevor Gagarin (1961) den ersten Weltraumflug machte. Der Weltraumanzug war also noch nicht als modische Kleidung aller Astronauten dem verehrlichen Zeitgenossen bekannt, und die Kayapos am oberen Amazonas, die weder Zeitschriften noch Weltraumflugberichte lesen, wissen heute noch nicht, was »man« im Weltraum trägt. So alt aber wie der überlieferte Mythos ist auch dieser Raumfahreranzug aus Stroh, ein ansehnliches Requisit der Vergangenheit.

Bewahren die Kayapo-Indianer auf diese Weise früheste Erinnerungen, nach denen wir heute – immer noch zuwenig – suchen?

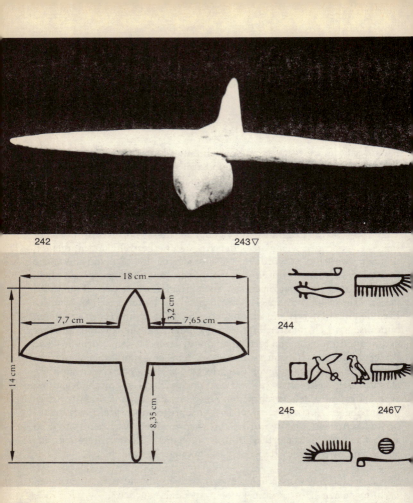

244–246 So sehen die drei altägyptischen Hieroglyphen aus, die den Wunsch ausdrücken: »Ich will fliegen«

Altägyptische Flugzeugmodelle

Der Wunsch, fliegen zu können, ist so alt wie die Menschheit. Um diese Sehnsucht rankten sich ganze Philosophien. Die erste Beziehung zu diesem Wunsch in der Praxis des Fliegens fand in einer altägyptischen Zeichenschrift ihren Niederschlag. Es gibt drei Hieroglyphen, die ausdrükken: »Ich will fliegen.« Vor dieser ihrer eigenen Übersetzung standen die Ägyptologen ziemlich ratlos. – 1898 wurde in einem Grab bei Sakkara ein Modell gefunden, dem man das Etikett »Vogel« umhängte und im Ägyptischen Museum, Kairo, unter diesem Stichwort katalogisierte. Dort stand es 50 Jahre lang unter der Nummer 6347 in einer Schar anderer altägyptischer »Vögel«. Erst 1969 wurde dieser seltsame Vogel aus seinem Nest geholt: Ein Kuckucksei wurde entlarvt. Dr. Khalil Messiha, der sich die Vögel ansah, stutzte. Im Gegensatz zu allen anderen Vögeln hatte Nr. 6347 nicht nur gerade Flügel, sondern auch eine hochgestellte Schwanzflosse. Dr. Messiha nahm sich des fremden Vogels an und fand ein feines Zeichen eingraviert: PA-DIEMEN, was in Altägyptisch heißt »Geschenk des Amon«. Wer war Amon? Amon war »Herr des Lufthauchs«, ging eine Symbiose mit dem Sonnengott Re ein und avancierte zum »Lichtgott«. – Heute steht unumstritten fest, daß Nr. 6347 ein Flugzeugmodell ist; es besteht aus Holz, wiegt 39,12 Gramm und ist in gutem Zustand. Die Spannweite hat 18 cm, die Flugzeugnase ist 3,2 cm lang, die ganze Länge beträgt 14 cm. Flugzeugspitze, Flügelenden wie der ganze Körper sind aerodynamisch ausgeformt. Außer einem symbolischen Auge und zwei kurzen Linien unter den Flügeln gibt es keine dekorativen Verzierungen, es hat auch keine (Lande-)Beine. Aeronautiker haben das Modell getestet und bezeichnen es als flugfähig und in seinen Proportionen als ideal. Nach dieser sensationellen Entdeckung setzte der amtierende Kultusminister Mohammed Gamal El-Din Moukhtar eine technische Forschergruppe ein, die auch die anderen Vögel unter die Lupe nehmen sollte. Das am 23. Dezember 1971 berufene Team besteht aus: Dr. Henry Riad, Direktor des Ägyptischen Altertum-Museums – Dr. Abdul Quader Selim, delegierter Direktor des Ägyptischen Museums für Altertumsforschung – Dr. Hishmat Nessiha, Direktor des Departements für Altertümer, und Kamal Naguib, Vorsitzender des Ägyptischen Flugverbandes. – Am 12. Januar 1972 wurde in der Halle des Ägyptischen Museums für Altertümer die erste Ausstellung altägyptischer Flugzeugmodelle eröffnet. Dr. Abdul Quader Hatem, Vertreter des Premierministers, und Luftfahrtminister Ahmed Moh präsentierten der Öffentlichkeit bereits 14 altägyptische Flugzeugmodelle.

247

248

247–248 In der State Bank, Bogota, steht dieses goldene Flugzeugmodell. Archäologen machten daraus »religiösen Zierrat«, bis sich das Aeronautical Institute, New York, des Modells annahm. Nach technischen Tests erwies sich seine Flugtauglichkeit

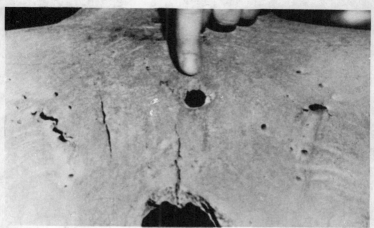

249

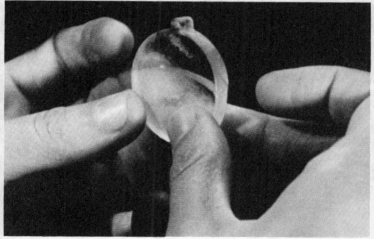

250

249 Diese Schädeldecke eines Bisons liegt im Anthropologischen Museum, Moskau. Deutlich sieht man ein Einschußloch. Der Fund ist 10 000 Jahre alt. Wer besaß damals moderne Waffen?

250 Diese Kristall-Linse aus einem Grab in Heluan, Ägypten, besitzt das Britische Museum, London. Sie wurde maschinell geschliffen und – o Wunder! – niemand bestreitet es

251   252▽

251   Dieser Keramikgegenstand wurde in einer Terasse der großen Pyramide in Tlateloco in sechs Metern Tiefe gefunden. Heute steht er im anthropologischen Museum Mexiko. Offiziell als »Weihrauchgefäß« deklariert, sieht das ganze der schlechten Kopie einer Verteilerdüse ähnlich

252   Noch eine Kuriosität: Im Irakischen Museum, Bagdad, steht in einer Vitrine diese vorchristliche galvanische Batterie, der man heute noch 1,5 Volt entlocken kann

253 254

Nach welchen Vorlagen?

Täglich kommen Kuriositäten auf die Schaufeln der Archäologen, sie lassen sich allerdings nur recht mühevoll ins bisherige System einfügen. Aber man schafft es. Was tut man sonst auch mit einem Steinamulett, in Ecuador gefunden, das ein Steinzeitmensch um den Hals trug? Lästig sind die Gravierungen: auf einer Seite Sonne und Mond, auf der anderen ein Männlein mit Sonne und Mond in den Händen. Das Männlein steht auf einer Kugel, und das ist verwunderlich, weil kein Steinzeitmensch wußte, daß wir auf einer Kugel leben. Sowohl bei Pater Crespi wie im Goldmuseum in Bogota tauchen Flugzeugmodelle verschiedener Dimensionen auf. Meistens sind sie aus schwerem Gold gegossen. Nach welchen Vorlagen entstanden sie? Wenn Hesekiel anno 592 v. d. Z. ein Raumschiff in allen Details beschreiben konnte, warum sollen dann präinkaische Stämme kein Flugzeug gesehen und modelliert haben? Es ist doch akzeptabel, den fremden Kosmonauten für Bewegungen über geringere Distanzen Flugzeuge zuzutrauen? Warum nicht? Wer Raumschiffe bauen kann, wird auch über Flugzeuge jeder Größe disponieren. Die aber sahen präinkaische Stämme, kopierten sie und legten sie den Herrschern als göttliche Gaben in die Gruft.

255

256 ▽

255 Die Ausgucklöcher im Rundbau des Maya-Observatoriums in Chichen Itza sind nicht – was logisch wäre – auf die hellsten, sondern auf die Sterne der Maya-Mythologie ausgerichtet, und die berichtet von der Abkunft aus dem All

256 Auch die Kalender-Pyramide steht in Chichen Itza. Jede Stufe entspricht einem Tag, jede Plattform einem Maya-Monat. Nach 365 Stufen erhebt sich an der Spitze der Tempel

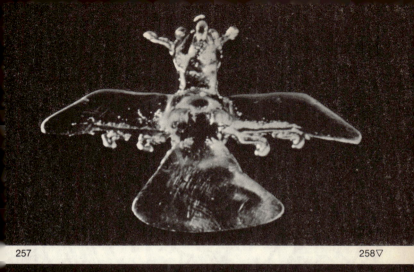

257

258▽

257–258 Zwei goldene Modelle von Flugzeugen aus einer Privatsammlung in Kolumbien

259

Tolteken-Rätsel

Dieser obenstehend abgebildete Tonteller stammt aus der toltekischen Epoche (Mexiko). Er ist ein Paradebeispiel dafür, wie man einen Gegenstand aus zwei Blickwinkeln betrachten kann. Mit Archäologenblick ist es ein »verzierter Tonteller«. Ich bitte, meiner Betrachtungsweise einmal zu folgen. Man decke den inneren Kreis mit dem Indianergesicht ab; was übrig bleibt im äußeren Kreis, vermittelt den Eindruck einer elektrischen Apparatur. Alle Details zum Betrieb sind zu erkennen: die Kupferwicklungen, die Kohlen, die Ankerschuhe, die Eingänge und Ausgänge der Leitungen. Das Konterfei des Indianers könnte den Menschen zeigen, der entweder die Maschine erfand oder sie bediente. – Die rechte Seite bringt das Faksimile einer Sanskritschrift. Die »Internationale Akademie für Sanskrit-Forschung« in Mysore (Indien) riskierte als erste den Versuch,

THE INTERNATIONAL ACADEMY OF SANSKRIT RESEARCH, MYSORE, INDIA

महर्षि भरद्वाजप्रणीतं
वैमानिक शास्त्रम्

AERONAUTICS
BY
Maharshi Bharadwaja

A MANUSCRIPT FROM THE PRE-HISTORIC PAST

Some Sample Extracts:

महाध्यायसमायुक्तं मतिगूढं मनोहरम् ।	1
प्रज्ञामभिसंधानकारं शुभदं नृणाम् ॥	2
अनायासाद्योमयानलब्धपञ्चानलप्रदम् ।	3
नानाविमानवैचित्र्यरचनाकर्मबोधकम् ॥	4
वैज्ञानिकाधिदेवत्वं उच्यतेऽस्मिन् क्वचित्क्वचित् ॥	5
पृथिव्यप्त्वग्निरित्येषु जलग्रहगतेष्वथ ।	6
यस्समर्थो भवेत् तन्तु स विमान इति स्मृतः ॥	7
देशाद्देशान्तरं नद्या द्वीपाद्द्वीपान्तरं तथा ।	8
लोकाल्लोकान्तरं वापि योऽम्बरे गन्तुमर्हति ॥	9
स विमान इति प्रोक्तो वेदशास्त्रविदां वरैः ॥	10
अभेद्यान्छेद्यान्दाह्यानविनाश्यान्गुणविशिष्टं	11
विमानरचनाधिकारहस्यम् ।	12
विमानलक्षणाधिकारहस्यम् ।	13
विमानाद्यचलत्वहस्यम् ।	14
परविमानस्थजनसंभाषणादि सर्वशब्दाकर्षणहस्यम् ।	15
परविमानस्थचलनुष्ठाकर्षणहस्यम् ।	16
परयानागमनदिग्प्रदर्शनाधिकारहस्यम् ।	17

"In this book are described in 8 pregnant and captivating chapters, the art of manufacturing various types of Aeroplanes of smooth and comfortable travel in the sky, as a unifying force for the Universe, contributive to the well-being of mankind."

"That which can go by its own force, like a bird, on earth, or water, or in air, is called 'Vimaana'."

"That which can travel in the sky, from place to place, land to land, or globe to globe, is called 'Vimaana' by scientists in Aeronautics."

"The secret of constructing aeroplanes, which will not break, which cannot be cut, will not catch fire, and cannot be destroyed.

The secret of making planes motionless.

The secret of making planes invisible.

The secret of hearing conversations and other sounds in enemy planes.

The secret of receiving photographs of the interior of enemy planes.

The secret of ascertaining the direction of enemy planes' approach.

261 Vermessungsarbeiten über Sacsayhuaman

einen Sanskrittext des Maharshi Bharadwaja, einem Seher der Frühzeit, in unsere moderne Begriffswelt zu übertragen. Das Resultat ist verblüffend. Aus alten Begriffen wurden Flugzeuge in ihren Legierungen und mit ihren Waffen. Der Text berichtet von dem Geheimnis, das Flugapparate unsichtbar machen kann, und von der unheimlichen Möglichkeit, Gespräche aus dem Innern feindlicher Apparate abhören und aufzeichnen zu können. Hochachtung für die Mutigen in Mysore...

Australien – Geschichtsloser Kontinent?

Australien, kleinster Kontinent mit 7 686 010 qkm und nur 11,5 Millionen Einwohnern, wird für Prähistoriker immer interessanter. Seit junge australische Wissenschaftler begannen, die weiten Terrains mit Helikoptern und Landrovern zu durchforschen, treffen aus allen Richtungen Meldungen ein, die beweisen, daß der »geschichtslose Kontinent« eine sehr faszinierende Vergangenheit hat. Die beiden jungen Leyland-Brüder aus New Castle drehten im Zentrum Australiens bei Alice Springs herrliche farbige Dokumentarfilme von Fels- und Höhlenmalereien der Ureinwohner. Wieder fanden sich die »internationalen Symbole« wie Kreis, Viereck, Sonne, Wellenlinie und *natürlich* (sage ich!) Gestalten in Astronautenanzügen mit Helmen. – In Arnhem-Land, westlich von Darwin, wurde ein mit einer Gestalt in plumpem Anzug und mit mächtigem Helm gravierter Monolith gefunden: er könnte ein Zwillingsbruder vom »Großen Marsgott« in der Sahara sein! – Aus Laura, North Queensland, kommt das Bild eines wie schwerelos fliegenden Menschen. – Etwa 10 km östlich von Alice Springs fand man auf den Felsen der Ndahla-Schlucht Zeichnungen von Göttergestalten mit riesigen Antennen auf den Köpfen. Dort auch entdeckte Robert Edwards in Fels gravierte Göttergesichter, die Schutzbrillen tragen. – Auf einem Steinblock von 1,40 m Länge und 93 cm Breite sind Linien eingraviert, die sich kreuzen oder parallel verlaufen, um abrupt zu enden. Spontan dachte ich an das Liniennetz auf der Ebene von Nazca, Peru. Eine Gipskopie steht im Museum in Adelaide. – Steinzeichnungen mit den uns geläufigen Motiven wurden in Yarbiri Soak aufgespürt, sie müssen 20 000 Jahre alt sein, denn sie ziehen sich über Felsspalten hin, die durch Erosionen unterbrochen und ausgehöhlt sind. – Rex Gilroy, Direktor des Mount York Natural History Museum in Mount Victoria, angesehener Archäologe, entdeckte im Mai 1970 den Fußabdruck eines Riesen mit 59 cm Länge und 18 cm Breite. 250 kg müßte das unbekannte Bürschchen gewogen haben. Im Museum ist ein Gipsabdruck des niedlichen Fußes mit dazu passenden Steinfäustlingen von 38 × 18 cm Umfang zu bewundern. Am 2. April 1973 schrieb mir Rex Gilroy:

262–265 Jeder australische Stamm der Ureinwohner besaß ein Totem als »Firmenzeichen«. Zum Beispiel trägt ein Häuptling (262) einen Vogel, Symbol des Fliegens, als Kollier um den Hals ... oder an einen Vogelkörper (263) klammern sich Hände, als wollten sie sich fliegend an ihm festhalten ... oder nach dem Vorbild der Götter eine Maske (264) und schließlich ein Totem (265) mit einem schwebenden Wesen als Stammeszeichen

»Ich habe beispielsweise in den blauen Bergen von New South Wales eine Reihe primitiver Felszeichnungen und Gravierungen gefunden, welche unter anderem fremde Figuren und unübliche Objekte wiedergeben, welche heute nur als Raumschiffe beschrieben werden können, die offenbar von den australischen Ureinwohnern – den Aborigines – gesehen wurden.«

Moon City, die Stadt der australischen Ureinwohner, liegt nördlich des Roper River in Arnhem-Land. Moon City, auch »geheime Stadt« genannt, ist wie eine Kopie von Sete Cidades. Ähnliche »Straßen« und flache polierte Wände mit abgeblätterten Schichten, der gleiche Eindruck von unheimlicher Hitze, die hier gewütet haben muß. Natürliche Erosion sagen die Archäologen, aber rings um Moon City gibt es keine Spur von Erosionen. Die Legende weiß, daß hier der Sonnengott mit seinem Schiff vom Himmel ankam, daß sich der Erdengott in einem barbarischen Kampf gegen ihn wehrte, schließlich aber durch Hitze besiegt wurde. Einer der wenigen Besucher von Moon City, der Reporter Colin McCarthy, behauptet, hier stimme »Verschiedenes« nicht. In den Geheimbezirk drang bisher nur die Ordensschwester Ruth vor, die die sieben Ältesten von Moon City vor 30 Jahren einluden. Sie erzählte, man habe sie in eine Höhle geführt, deren Wände mit Zeichnungen bedeckt gewesen seien. Als McCarthy herkam, gab es noch die Höhle und Reste von Zeichnungen, aber der Raum wirkte wie von Dynamit zerstört. Die Aborigines beriefen sich auf einen Befehl von »Gott«: die Schriften seien nach einer bestimmten Zeit zu zerstören. Sie pfropften die Höhle mit dem rundum wachsenden spröden paraffinhaltigen Gras voll, zündeten es an und pumpten Luft in die Glut, der Fels begann zu glühen; sie schreckten ihn mit Wasser ab. Die »Erosion« ist zu besichtigen.

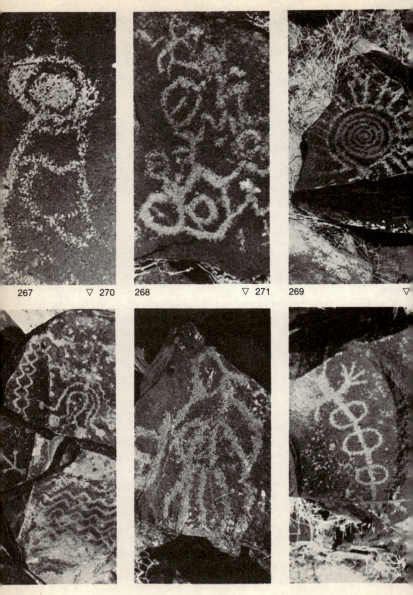

267 ▽ 270   268 ▽ 271   269 ▽

186

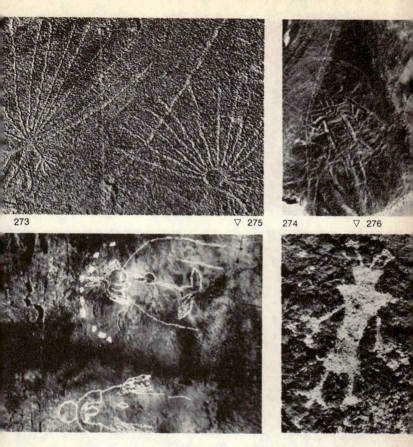

267–272 Alle diese Felszeichnungen stammen aus Nevada Indiana, USA. Sie könnten einheitliche Muster der Felszeichnungen in aller Welt sein. Waren es früheste Mitteilungen an Stammesgenossen über Kontakte mit Extraterrestriern?

273 Hier, 60 Meilen östlich von Alice Springs bei Ndahla George, Australien, gravierten die Aborigines die Verbundenheit ihrer Anführer mit dem Kosmos in die Felsen

274 Südlich von Lima, Peru, an den Felswänden um die Ebene von Nazca taten es Indios den Australiern gleich

275 Dasselbe taten die Aborigines bei den Blue Mountains in Australien

276 Und auch im amerikanischen Staat Utah finden sich Hunderte von Petroglyphen mit strahlenbekränzten Wesen

187

277 | 278 ▽

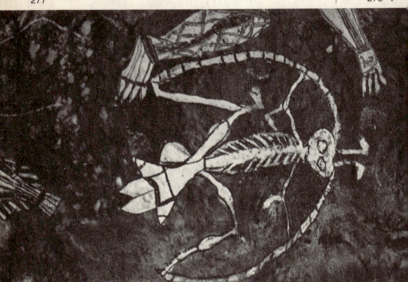

277–278 Beide Felszeichnungen sind in Arnhem-Land bei Noorlangie, Australien, zu bestaunen. Die bekannte Fachzeitschrift »National Geographic« klassifizierte diese Funde als »Gemäldegalerie der Aborigines«. Weit entfert von anderen steinzeitlichen Kulturen, wiederholen sich hier die Rundköpfe mit Strahlenkranz (277). Ein schwebendes Knochengerüst (278) mit Steuerflossen und Antennen wartet auf eine ins hergebrachte Schema passende Katalogisierung

279–280 Zwischen den Felswänden in Goiania, Brasilien, und Laura, North Queensland, Australien, liegen 17 500 km direkter Fluglinie. Trotzdem kamen den Steinzeitmalern die gleichen Motive in den Pinsel: auf primitive Weise stilisierte Raumfahrtobjekte mit sinnvoll angebrachten Steuerflossen. Dafür konnte kein Vogel Vorbild gewesen sein. Waren die Steinzeitmaler Beobachter eines ähnlichen aufregenden Ereignisses?

281   ▽ 282

281–285 Eine Kopf- und Anzugparade, vor mindestens acht Jahrtausenden entstanden! Man erklärte mir, wie ich diese Darstellungen interpretieren müsse und wie ich sie keinesfalls auslegen dürfe: was ich für Helme und plumpe Astronautenanzüge hielte, seien nichts als Abbilder aus der Natur. Woher nahmen denn die Steinzeitmaler – unabhängig voneinander – an allen Ecken der Welt das gleiche absurde Mannequin? Wenn diese Zeichnungen der »Natur« nachempfunden sind, dann stand also das gleiche Mannequin (mit Astronauten-Accessoires) Modell in North Queensland (281), in Nimingarra, Australien (283, 284, 285) und wohl auch in der algerischen Sahara (282). Interessenten für solche Modemalereien »nach der Natur« kann eine beliebige Zahl weiterer Freiluftateliers geliefert werden ...

190

283

▽ 284

▽ 285

286

287 ▽

286–288 Die Leyland-Brüder (286), die seit Jahren den australischen Kontinent durchforschen, finden nahezu am Fließband Petroglyphen der Ureinwohner im Astronauten-Habitus. – Die beiden jungen Forscher, inzwischen an das Erstaunliche gewöhnt, sprechen wie selbstverständlich von einem Reißverschluß, wenn sie diese Astronauten (288) in seiner Aufmachung beschreiben. Und Rex Gilroy, Direktor des Mount York Natural History Museum, schreibt mir:»...Ich habe Ausgrabungen unternommen, bei denen eine große Felsplatte freigelegt wurde, auf der sich eine Anzahl fremdartiger menschlicher Figuren und etwas Raumschiffartiges befand...Ich stimme voll mit Ihren Theorien über unsere vorgeschichtliche Vergangenheit überein...«

193

Kommunizieren Pflanzen mit Außerirdischen?

Bisher schlugen alle Versuche fehl, mit Hilfe elektromagnetischer Wellen Signale aus dem All aufzufangen. Auf einen neuen phantastischen Weg, mit außerirdischen Intelligenzen zu kommunizieren, kam Dr. George Lawrence vom Ecola-Institute in San Bernadino in Kalifornien. Lawrence stellte sich die Frage, ob etwa Pflanzen, mit elektronischen Kontrollsystemen verbunden, für eine Kommunikation mit dem Universum geeignet sein könnten. Es ist bekannt, daß Pflanzen elektrodynamische Eigenschaften besitzen, ja, ihre Fähigkeit, Tests zu verarbeiten und computergemäß binär (go-no-go) zu reagieren, ist sensationell. Mit Skepsis beobachtete Lawrence semiconduktive und allgemeine elektromotive Fähigkeiten der Pflanzen. Dieses Programm an Fragen stellte er sich:

1. Können Pflanzen auf eine Weise mit elektronischen Geräten integriert werden, daß sie brauchbare Daten liefern?
2. Können Pflanzen derartig trainiert werden, daß sie auf bestimmte Gegenstände oder Ereignisse reagieren?
3. Ist die Vermutung, Pflanzen besäßen die Fähigkeit außergewöhnlicher Wahrnehmung, beweisbar?
4. Welche der 350 000 Pflanzenarten ist für die Tests am besten geeignet?

Kleinster Teil auch der Pflanzen ist die Zelle. Zellen reagieren auf Hitze

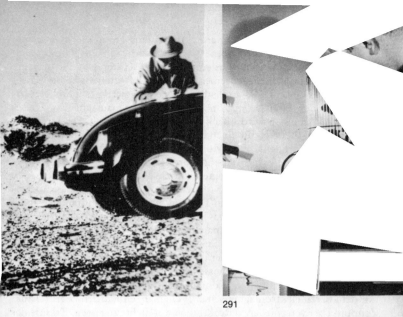

und Kälte, Strahlung, Beschädigung, Berührung und Licht. Elektrische Eigenschaften der Zelle können mit Mikroelektroden gemessen werden. Wird elektrischer Strom durch eine Pflanze geleitet, kontrahiert das Cytoplasma. Lawrence fand, daß Elektrizität auf Sporen und Antheroiden polarisierend wirkt. Wird eine Pflanze (im Bild die mimosa pudica) verletzt, reagiert sie mit meßbarem Stromstoß. Man nennt das *nastic response*, eine Schreckreaktion, die besonders bei kleinen Pflanzen auftritt. Größere Pflanzen reagieren erst unter größeren Strommengen.

Im Mondgarten bei Farmingdale

Im Mondgarten bei Farmingdale, wo New Yorker Wissenschaftler Pflanzen auf ihre Brauchbarkeit im Weltraum untersuchten, wurden »Nervenzusammenbrüche«, totale Frustrationen festgestellt. Ähnliches bemerkte 1969 auch Dr. Clyde Backster, Spezialist für Lügendetektoren. Er hatte einen Sensor an ein Pflanzenblatt angeschlossen, während es Wasser aufsaugte; um die Reaktion zu beschleunigen, wollte Backster ein Streichholz anbrennen. Als er nur an die *Absicht dachte*, schlug der Detektor in einer steilen Kurve aus. Die Pflanze mußte die Absicht gespürt haben, ehe sie realisiert wurde. Weil Backster es für möglich hielt, daß die Pflanze telepathisch auf Menschen reagierte, konstruierte er ein Gerät, mit dem sich lebende Crevetten aus kühlem Wasser heben ließen und gleich danach in heißes Wasser geworfen wurden. Eine auf 1000stel Sekunde geeichte Uhr registrierte auf einem Schreiber, wann die Crevetten ins heiße Wasser plumpsten. In gleichen Sekundenbruchteilen reagierten alle im Nebenraum stehenden Pflanzen mit dramatischen Kurvenausschlägen. Dieses unerklärte Phänomen wird »Backster-Effekt« genannt. – Dr. Lawrence nun versuchte, Pflanzen für einen elektromagnetischen Kontakt mit dem Kosmos zu verwenden. In der Mojawe-Wüste bei Las Vegas wurde über 12 km Distanz eine Versuchreihe angeordnet, die unter »Project Cyclops« lief. Am 29. Oktober 1971 zeigten die an Meßgeräte angeschlossenen Pflanzen im gleichen Bruchteil von Sekunden Kurvenausschläge, die sogar über einen Verstärker auf ein Tonband übertragen wurden. Was ging hier vor sich? Reizte irgend etwas unter der Erdoberfläche die Pflanzen? Gab es Lavaströme, Erdbeben, magnetische Einflüsse? Neue Geräte wurden konstruiert, Pflanzen in Bleikästen und Faradayschen Käfigen abgeschirmt. Gleiches Resultat! Über einen längeren Zeitraum notierte Kurven und Töne ergaben eine gewisse Synchronität: die Pflanzen schienen zu kommunizieren. Pflanzen können nicht denken, nur reagieren. Alle nur denkbaren elektromagnetischen Wellenlängen wurden geprüft: zum Zeitpunkt der verschiedenen Reaktionen war nichts zu hören. Konnte der Vorgang mit dem Fixsternhimmel, mit Quasars oder Strahlungen aus dem Kosmos zusammenhängen? In einer neuen Versuchsreihe erwies sich als eindeutig, daß die Anlässe aus dem Kosmos kamen. Radioastronomen konnten mit ihren riesigen Antennen nichts empfangen, aber die Pflanzen gebärdeten sich wild. Hier gab es offensichtlich eine Wellenlänge, die *biologisch* funktionierte. Damit war man in ein Gebiet vorgedrungen, dessen Existenz man ahnte, das aber bisher nicht meßbar war – die Telepathie. Ein biologischer Kontakt erfolgt auf bisher ungeklärte Weise, wird aber auf dem Umweg über die Zelle meßbar. Dazu Dr. George Lawrence:

Biologische Kontakte

»Offenbar ist die biologische interstellare Kommunikation nichts Neues. Auf der Welt haben wir 215 astronomische Observatorien, aber ungefähr eine Million des biologischen Typus, die wir allerdings unter anderen Bezeichnungen kennen: Kirchen, Tempel, Moscheen. Ein biologisches System [die Menschheit] kommuniziert [betet] mit einem weit entfernten höheren Wesen. Auch im Tierreich ist biologische Verständigung an der Tagesordnung, man denke nur an Hunde und Katzen, die mit Instinkt ihr Heim wiederfinden. Faszinierend bei den Experimenten in der Wüste ist die Erkenntnis, daß diese biologischen Kontakte mit dem Kosmos offenbar nicht an die Lichtgeschwindigkeit gebunden sind.« – Der Verdacht verdichtet sich, daß die Pflanzen von irgendwem aus dem Sternbild Epsilon Bootes angefunkt werden mit hundertfacher Lichtgeschwindigkeit. Deshalb auch können Radioastronomen die Sendungen nicht registrieren. Warum eine Trommel benutzen, wenn es Pauken gibt? Vielleicht haben wir bislang den interstellaren Kontakt mit den falschen Instrumenten, der falschen Wellenlänge und dem falschem Spektrum versucht.

Mythen – geophysikalisch untersucht

Ich fragte Lawrence nach seiner Meinung über extraterrestrische Besuche und den Wahrheitsgehalt von Mythen. Er antwortete: »Die Chemehuevis-Indianer kommen aus der Mojawe-Wüste, wo ich meine Versuche durchführte. Sie gehören zur Sprachfamilie der Mohaves, Cocopas, Halchidhomas, Yumas und Maricopas. Eine Mythologie, die wir zu prüfen versuchten, berichtet, daß ein ›summender Stern‹ vom Himmel kam und in der Wüste landete. Während die Indianer angstvoll das Geschehen beobachteten, grub sich der ›summende Stern‹ ein und löste Lavaströme aus, die den Pisgah- und den Amboy-Krater verursachten. Wir benutzten geophysikalische Magnetmessungen, bedauerlicherweise erhielten wir keine greifbaren Resultate. Erstens nahmen wir an, daß das Raumschiff, falls es eins war, intakt war und den Motor laufen ließ, so daß man das verbliebene Magnetfeld heute noch mit dem Magnetometer registrieren könnte. Zweitens gingen wir davon aus, daß eine solche magnetische Abnormalität auch durch Fels und Sand meßbar sei. Ein Naturphänomen verhinderte Resultate: geschmolzene Lava erzeugt nämlich, im Bereich des natürlichen geomagnetischen Feldes der Erde erstarrt, eine sogenannte ›Thermoremanente Magnetisierung‹. Partikel der Lava reagieren wie Trillionen polarisierter Einzelmagnetchen. Ist das Lavabett sehr dick, registriert der Magnetometer nur die Lava, nicht das darunterliegende kleine Magnetfeld mit einer Intensität von 200 Gamma oder weniger. Immerhin, glaube ich, sind wir die erste Organisation, die mit geophysikalischen Mitteln wissenschaftlich versucht, ob in alten Legenden eine heute nachweisbare greifbare Realität steckt. Unser Beispiel beweist, daß die heutigen Mittel unzulänglich sind, besonders dann, wenn es darum geht, die Spuren uns überlegener Intelligenzen zu finden. Es dürfte nämlich weniger am fehlenden Wollen der Wissenschaftler liegen, sich mit solchen Untersuchungen zu befassen, als vielmehr an der fehlenden Ausrüstung und den nicht vorhandenen technischen und finanziellen Mitteln.«

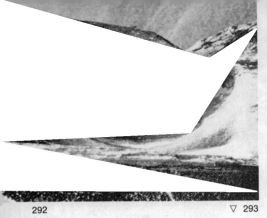

Im Herbst 1972 untersuchte John R. Tkach, Denver, Colorado, mit modernen Meßmethoden die Städte Huayana Picchu und Macchu Picchu. Es werden kristallographische und Infrarotuntersuchungen mit harten Strahlen vorgenommen. Das Team des Geologen Dr. White stieß auf eine Gesteinsaushöhlung, die Wellen reflektierte. John Tkach über das Phänomen: »Es handelt sich um einen 6 × 6 Fuß halbrunden parabolischen Reflektor, der exakt auf die obere Ruine der 2. Tamusstation ausgerichtet ist. Wir kamen auf die Formel $Y^2 = 12X$. So ein Spiegel wurde erst nach der analytischen Geometrie von Descartes um 1600 möglich. Es ist unfaßbar, daß eine primitive Gesellschaft ohne moderne Mathematik und moderne Werkzeuge einen derartigen Reflektor hätte bauen können.«

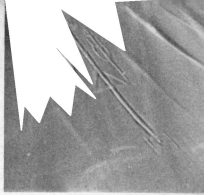

Nazca, Flugplatz in der Wüste

294

Die Eingeborenen nennen sie seltsamerweise Pampa, Grasebene also, obwohl es keine Spur von Vegetation auf der Ebene von Nazca, südlich von Lima, Peru gibt. Über die Ebene laufen Linien. Schnurgerade. Kilometerlang. Sie beginnen »aus dem Nichts« und enden abrupt, laufen parallel und kreuzen sich, erklimmen linealgerade nächste Berggipfel und brechen ab, doch vom Flugzeug aus scheint die Ebene ein großer Flugplatz gewesen zu sein. – Es gibt viele Deutungen: es handle sich um Inkastraßen ... um eine Religion der Trigonometrie ... um einen astronomischen Kalender ... und eine codierte Geheimschrift. Ich sage: *sieht aus wie* ein Flugplatz! Die Gegenargumente? Als Untergrund viel zu weich ... Extraterrestrier brauchten keinen Flugplatz ... Wozu benutzten sie Räder? Deren Raumschiff konnte nach der Luftkissenmethode funktionieren. Weshalb Beton? Weil unsere Landebahnen daraus bestehen? Genauso gut (und schneller) konnte man eine Plastikschicht auftragen, die sich nach einigen Jahren wieder auflöste. Wie plausibel ist denn dieser Gedanke? Ein Zubringerschiff startete vom Mutterraumschiff im Orbit auf unseren Planeten, es kam auf der Ebene von Nazca zum Stillstand: es bleibt also eine Spur wie von Skiern im Schnee. Die Fremden starten – wieder entsteht eine Spur. Die Eingeborenen eilen herbei: die »Götter« waren da und hinterließen Spuren! Hoffend, die himmlischen Boten kehrten zurück, beginnen sie, neue Linien zu ziehen, die alten zu vertiefen. *So*, meine ich, können die Linien von Nazca entstanden sein. Die Götter zeigten sich nicht. Was hatte man falsch gemacht? Ein Oberpriester hatte eine gute Idee. Priester haben immer gute Ideen. Er meinte, man müsse den Himmlischen Opfersymbole zeigen. Er trieb seine Schäflein an, in das Liniensystem Vögel, Fische, Affen und Spinnen zu scharren – überdimensioniert, damit sie aus großer Höhe erkennbar waren. Das ist *meine Theorie* über die Entstehung des Flughafens Nazca! Sie muß nicht stimmen, aber keine der bisherigen Erklärungen kann »Wahrheit« für sich beanspruchen.

199

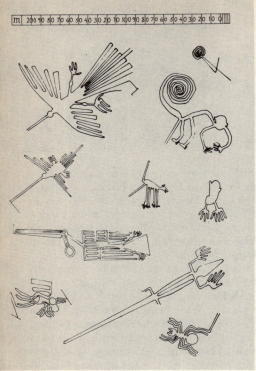

295

295–309 Neben den Skizzen (295) der Nazca-Forscherin Maria Reiche sprechen die Luftbildaufnahmen der Ebene von Nazca eine so eindeutige Sprache, daß mir jeder Kommentar überflüssig vorkommt

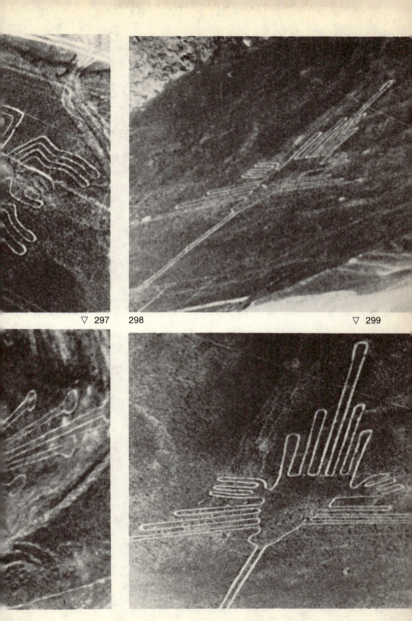

▽ 297   298   ▽ 299

201

300

301

302

▽ 303

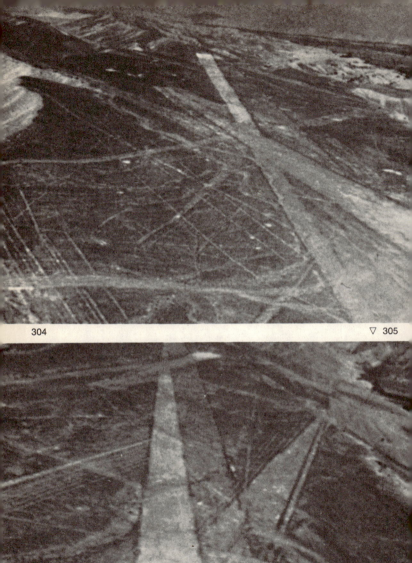

304

▽ 305

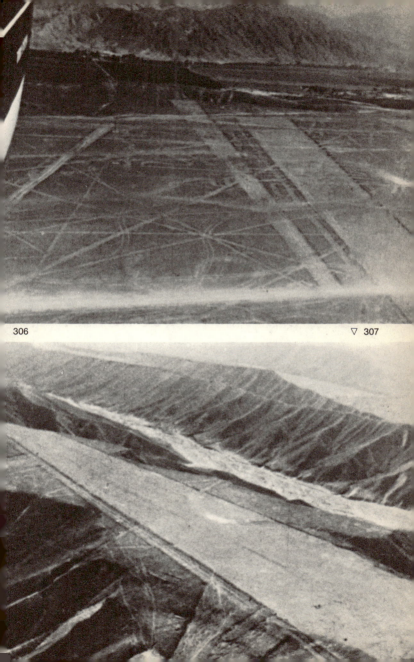

306

▽ 307

308

▽ 309

Die größte Gefahr sind heute Leute, die nicht wahrhaben wollen, daß das jetzt anhebende Zeitalter sich grundsätzlich von der Vergangenheit unterscheidet.

Max Planck

Irgendwann – Irgendwo

Ort des Geschehens: irgendwo im Universum. Zeit des Geschehens: vor unbekannten Jahrtausenden irdischer Zeitrechnung. Eine humanoide Intelligenz hat einen technischen Standard erreicht, der interstellare Raumfahrt ermöglicht; sie verfügt über erprobte Triebwerke, kennt die medizinischen Probleme, weiß um die Zeitverschiebung bei Flügen hoher Geschwindigkeit, hat alle Details der Raumfahrt befriedigend gelöst. Wohin soll man starten? – Idealziel wäre eine Sonne des heimatlichen Typs, ein Planet, der innerhalb der Oekosphäre sein Muttergestirn umkreist, der in Relation zum Heimatplaneten zumutbare Schwereverhältnisse aufweist. Eine ideale Edelgasgemisch-Zusammensetzung wäre erwünscht, doch keine Bedingung. Gibt es solche Planeten? Die Fremden wissen, daß die statistische Wahrscheinlichkeit dafür groß ist. Gingen auch sie davon aus, daß alle Materie des Weltalls ursprünglich in einem Klumpen vereinigt war, dann müssen Planeten ähnliche Mineralien wie eine »ähnliche« Lebensgeschichte besitzen. Mag die zeitliche Entwicklung unterschiedlich gewesen sein, mögen sich bei der Abkühlung verschiedene Gase entwickelt und schließlich dominiert haben, dürfte ein statistischer »Verwandtschaftsgrad«, vorsichtig geschätzt, allein in unserer Galaxis eine Million erdähnlicher Planeten ausweisen. In diese Richtung dürfte die Suche nach einem Landeplaneten gelaufen sein: Spektralanalysen und Helligkeitsgrade verschiedener Fixsterne lieferten Werte für verwandte Muttergestirne; unbemannte Sonden funkten Daten über Schwerkraftverhältnisse aus den angepeilten Sonnensystemen. Lohnende Ziele wurden ermittelt. Man wollte nicht irgendwohin reisen, man wünschte sich einen »lebensmöglichen« Planeten.

Ewige Fragen

Warum aber wollten die Fremden interstellare Raumfahrt betreiben? Warum blieben sie nicht zu Haus, um dort fraglos vorhandene Probleme zu lösen? Zwei Fragen: *Warum* geschieht etwas? und: *Wie* geschieht es? waren stets Antrieb für Entwicklung und Fortschritt. Diesem Antrieb verdankt alle Intelligenz ihren Status. Fragen wie: *Was geschieht wo?* und *Sind wir die einzigen im Kosmos?* können Extraterrestriern das Ziel

»Raumfahrt« gesetzt haben. – Unsere Gegenwart zwingt einen weiteren Gedanken, basierend auf Forschungsergebnissen, auf. Irgendwann sind alle Rohstoffquellen erschöpft, ist der Planet verbraucht. Intelligenz mit hohem technischem Wissen wird sich mit einer solchen Erkenntnis niemals abfinden, sie wird all ihre Fähigkeiten mobilisieren, eine Überlebenschance zu finden; sie wird sich nicht scheuen, alle finanziellen und energetischen Mittel einzusetzen. So gesehen, kann interstellare Raumfahrt (damals wie in Zukunft) zu einem kategorischen Imperativ werden.

Fluchtplan vor dem Ende

Jede Sonne im Universum stirbt eines Tages, verglüht in Jahrmillionen oder verdichtet sich zu einem »weißen Riesen«, um schließlich zur *nova stella* zu explodieren. Je höher aber eine Intelligenz entwickelt ist, um so sorgfältiger wird sie alle Veränderungen der Muttersonne registrieren. Sie wird, mit ihrer Bevölkerung, nicht sterben wollen. Sie wird verhindern, daß über Jahrhunderttausende gesammeltes Wissen, über Hunderte von Generationen entwickeltes Kulturgut mit einem Schlag ausgelöscht wird. Diese Intelligenz wird danach streben, den Bestand zu retten. Damit sind sowohl Zweck wie Ziel einer interstellaren Reise gegeben. Die zur Realisierung notwendige Technik setze ich als gegeben voraus. Niemand weiß, wie viele Jahre die fremden Astronauten unterwegs waren, welche Zeit auf ihrem Heimatplaneten verging, woher sie kamen, mit welcher Geschwindigkeit ihre Triebwerke das Raumschiff fortbewegten – doch viele kluge Männer sind inzwischen davon überzeugt, daß sie eines weit zurückliegenden Tages unserer irdischen Vergangenheit in unserer Atmosphäre auftauchten, am Zielplaneten. Das Raumschiff schwenkte in eine Kreisbahn um unsere Welt ein. Man kartographierte, fotografierte, beobachtete und analysierte sie. Dieser Planet hatte eine sauerstoffhaltige Hülle. Riesige Wälder wechselten mit Ozeanen und Wüsten. Der dritte Planet war voller Leben! Hunderttausende verschiedener Tierarten tummelten sich auf dem Lande und im Wasser – und eine Art unter ihnen war humanoid, den Fremden ähnlich. Diese Humanoiden lebten in Horden und Höhlen, langmähnig, wanderten von Nahrungsplatz zu Nahrungsplatz, kannten einfache Werkzeuge, aber diese Rasse war dumm, stumpfsinnig, grunzte wie Tiere. Nur Eindringlinge konnten sie aufschrecken. Der Raumschiffkommandant beschloß, dieser Bevölkerung »Entwicklungshilfe« angedeihen zu lassen. Man fing die prächtigsten Exemplare ein und mutierte ihre Zellen in einer künstlichen Manipulation. Die derart behandelten Zuchtstücke wurden zur Paarung angehalten, die gern gezeugten Kinder aber in geschützten Reservaten aufgezogen.

Das Paradies

Die Sprößlinge waren aber ungleich intelligenter als ihre Eltern. Von den »Göttern« geschützt, wuchsen sie im sogenannten Paradies auf, außer einer Sprache lernten sie ein brauchbares Handwerk. Als die Teenager geschlechtsreif wurden, hielt ihnen der Kommandant etwa diese mahnende Rede: »Ihr, meine Freunde, seid nun die intelligentesten Lebewesen auf diesem Planeten! Ihr könnt über Pflanzen und Tiere herrschen. Macht Euch den Planeten untertan. Nur dieses Gebot muß ich Euch auferlegen: paart Euch niemals und nie wieder mit Euren alten Artgenossen, die nicht in diesem Paradies aufgewachsen sind!« – Der Grund für diese Mahnung war das Wissen von Kommandant und Besatzung, daß diese neue Rasse nur sehr schnell intelligent werden könnte, wenn sie nicht nach den Gesetzen des bisher dominierenden Gens in Primitivität zurückfallen würde.

Wann wurde der Mensch intelligent?

1. Spekulation: Wann geschah das alles? Vor 30 000, vor 100 000, vor 425 000 Jahren? Wir wissen es nicht. So, wie wir *noch nicht* wissen, welche Raumfahrttechnik den Extraterrestriern zur Verfügung stand, woher sie kamen und wohin sie gingen – ob zurück auf den Heimatplaneten oder zu weiteren Expeditionen –, wissen wir sehr genau, daß es für die *Erschaffung des Menschen* bisher nur im Religiösen endende Erklärungen gibt. Einer überzeugenden modernen Betrachtungsweise können sie nicht standhalten. Harte Tatsache ist, daß jede Abstammungslehre *dort* einen Knick hat, wo sie überzeugend erklären soll, wie und warum der *homo sapiens* mit rasantem Tempo aus der Familie der Hominiden ausbricht. Weshalb ist denn nur eine Gruppe unserer Vorfahren intelligent geworden? Gorillas und Schimpansen, diese netten, von Tierfängern oft geschundenen Kerle gehören der nämlichen Familie wie der Mensch an. Ich kenne keinen Gorilla, der Hosen trägt, und keinen Schimpansen, der Götter zeichnet. Hingegen sagen alle Schöpfungsberichte aus, »Gott« habe den Menschen »nach seinem Ebenbild« geschaffen. Drum stelle ich, trotz oder wegen aller Attacken, immer wieder die unangenehme Frage: Wann, wie, wodurch und weshalb wurde der Mensch so plötzlich intelligent? Bisher hatte ich nicht das Glück, eine leidliche überzeugende Erklärung für das Intelligentwerden des Menschen zu bekommen. Die Zahl der Theorien ist wie ein Roulett: man kann setzen, aber man steht zum Schluß mit leeren Händen da. Bewiesen ist nichts. Jeder neue Schädelfund stellt die Paläontologen vor neue Rätsel. Ist denn der Gedanke absurd, in einer frühen unbekannten Zeit hätten Extraterrestrier mit einer *gezielten*

künstlichen Mutation in die Entwicklung der Hominiden eingegriffen? Für alle derzeit und für die Zukunft geplanten interstellaren Raumfahrtprojekte ist die Zeitdilatation eine fixe bekannte Größe. Könnte denn nicht endlich auch die Anthropologie von diesem wissenschaftlich verifizierten Phänomen Notiz nehmen? Ich weiß, daß dieses Phänomen schwer zu begreifen ist, und dennoch ist es so. Für die »Götter« ist seit ihrem ersten Erdenbesuch keine Ewigkeit vergangen. Es könnte durchaus dieselbe Mannschaft sein, die vor 100 000 oder mehr Erdenjahren die künstliche Mutation an den Hominiden vornahm und nach X-Jahrtausenden zurückkehrte, um die Ergebnisse ihrer Arbeit zu inspizieren. War das so, dann ist das Entsetzen des Kommandanten zu begreifen: Seine Geschöpfe hatten sich nicht an das auferlegte Gebot gehalten. Statt nach Jahrtausenden eine intelligente, technisch hochentwickelte Rasse anzutreffen, fand die Raumschiffbesatzung Zwitterwesen aller Arten vor, verseucht, verkommen, ein fürchterliches Mixtum aus Intelligenz und Bestie. Was geschah nun?

Wissen statt Glauben

2. Spekulation: Der Kommandant verfügte, diese elende Brut mit wenigen Ausnahmen zu vernichten. Mit welchen Mitteln das erreicht wurde? Es kann mit Feuer, Wasser oder Chemikalien geschehen sein. Die Menschheitslegenden geben viele Anhaltspunkte, wie die Sintflut oder die Zerstörung von Städten aus dem Himmel (Sodom und Gomorrha), aber auch das Hinsiechen ganzer Völker durch »göttlichen Staub«. Verifizierbar ist, daß ab einem bestimmten Zeitpunkt ein winziger Teil der Menschheit *plötzlich* Schriften, Werkzeuge, Techniken, Kulturen und die Mathematik hervorbrachte. – So lange ich an dieses Phänomen noch ein Quentchen *Glauben* wenden muß, spekuliere ich, daß der Kommandant vor dem Aufbruch zu weiteren Unternehmungen eine Bodenmannschaft zurückließ. Die hatte eine Reihe wissenschaftlicher Aufträge, sie sollte Daten über den Planeten sammeln, Sprachen verschiedener Gruppen studieren. Nun aber geschah das Ungeheuerliche! Sei es, daß die Crew auf eigene Faust experimentierte, sei es, daß der Kommandant später als vorgesehen zurückkehrte ... die Crew nahm an, sie müßte den Rest des Lebens auf der Erde verbringen. Sie paarte sich mit den Töchtern des Landes. Prophet Henoch weiß Genaues. Ihm gegenüber mokierte sich der Kommandant, daß eigentlich »die Wächter« auf Menschen, nicht die Menschen auf die Wächter aufpassen sollten. Ganz unfein sagt er deutlich, wovon er spricht: »... bei den Weibern geschlafen ... Euch mit Menschentöchtern verunreinigt ... Euch Weiber genommen und wie die Erdenkinder getan

und Riesensöhne gezeugt... Durch Blut der Weiber Euch befleckt, und mit dem Blute des Fleisches Kinder gezeugt, nach dem Blute des Menschen begehrt, und Fleisch und Blut hervorgebracht, wie jene tun, die sterblich und vergänglich sind...« – Meine Spekulation geht weiter. Gewiß ließ der Kommandant keine neuerliche Vernichtungswelle über die Menschheit branden. Vielleicht durfte oder konnte er nicht so rigoros vorgehen, denn inzwischen gab es ja bereits Kinder von seinen »Wächtern«. Auch wissen Legenden, daß der Himmlische mehrere Menschen mit ins Raumschiff nahm und davonflog. Ließ er aber Bodenmannschaften zurück, dann brachten sie freilich ein ungeheures Wissen zu den Menschen. Vielleicht haben sie sich im Gefühl ihrer Überlegenheit zu »Herren der Welt« emporstilisiert. Mußten sie sich am Ende vor der Rache des Kommandanten fürchten und in den Untergrund gehen?

Mensch und Sohn der Götter

Die künstlichen Tunnelsysteme in Südamerika könnten ein Indiz dafür sein. Oder: Kam der Kommandant – wie es die Mythen berichten – nach einem verlorenen »Kampf im Weltall« zurück, um Schutz unter seinesgleichen zu finden? – Akzeptiert man meine Version von der Paarung zwischen fremden Kosmonauten und Erdenkindern, löst sich ein phänomenales Rätsel: die zweifache Natur des Menschen. Als Produkt dieses Planeten ist er erdgebunden, als Coproduktion mit Außerirdischen ist er zugleich »Sohn der Götter«. Diese Schizophrenie – Bestie und himmelstrebender Träumer – ist der Mensch nie losgeworden.

Urerinnerung

Teil dieser meiner Weltsicht ist auch die Vorstellung, daß unsere hominiden Vorfahren *ihre* Zeit, die Urvergangenheit also, unmittelbar erlebten und in ihr Bewußtsein aufnahmen, Ereignisse in ihrem Gedächtnis speicherten. Mit jeder Zeugung ging ein Teil dieser Urerinnerung auf die nächste Generation über, aber jede Generation fügte auch ihre Erfahrungen in die Lochkartenstanzungen des Gedächtnisses ein. Information reihte sich an Information. Mögen im Laufe der Zeiten Informationen bei Einzelwesen verlorengegangen oder durch stärkere Impulse überlagert worden sein – die Summe aller Informationen minderte sich nicht. In den Stanzungen, neben den Stanzungen *eigener* Erinnerungen, liegen aber auch die Stanzungen der »Götter«, die zu Adams Zeiten schon Raumfahrt betrieben! Hier genau ist der Punkt erreicht, von dem aus ich behaupte, daß unsere ganze Zukunft bereits einmal Vergangenheit gewesen ist. Mögen wir uns in technischer, biologischer oder jeder nur denkbaren Weise entwickeln, was wir finden werden, war schon Vergangenheit, nicht *menschliche* Vergangenheit, sondern Vergangenheit der »Götter«. *Sie* wirkt in uns und wird eines Tages wieder Gegenwart sein. Wenn heute einen Menschen ein genialer Einfall beglückt, der ihn zu neuen kühnen Taten befähigt, dann hat er nicht selbst die geniale Idee herbeigeführt, erfunden, erdacht. Er hat eine Grundinformation an die Oberfläche des Gedächtnisses aus der Urerinnerung befördert. Der schöpferische Mensch von heute muß zum richtigen Zeitpunkt mit dem stimmenden Kontakt aus den Stanzungen der frühen Vergangenheit »Wissen« abrufen. Vergangenheit, Gegenwart und Zukunft sind auf eine erschreckend erfreuliche Art im Gedächtnis, im Gehirn des Menschen vereint.

Mut zur Vernunft

Seit aber der Mensch intelligent wurde, seit er sich Fragen über seine Existenz, seine Abkunft und Zukunft stellen konnte, war er, meine ich, darauf programmiert, »weltraumreif« zu werden. Träumen wir den Gedanken, die Wissenschaft hätte alle Fragen dieser Welt gelöst, sie hätte alle Geheimnisse erforscht. Was dann? Würde der Blick nicht zwangsläufig zum Himmel gerichtet sein? Mir scheint es ein Menschheitsgesetz zu sein, den Kosmos erreichen und erforschen zu wollen. Wann dieses Ziel letztlich erreicht wird, bleibt unerheblich. Antrieb ist und bleibt auch die Menschheitssehnsucht nach *Frieden*. Eugen Sänger sagte: »Wer Frieden auf Erden will, muß Raumfahrt wollen.«

Denken muß man wollen

Der erste Satz meines Buches lautete: »Dieses Buch zu schreiben ist eine Mutfrage.« Nun, trotz aller Angriffe ist mir der Mut nicht vergangen, besonders deshalb nicht, weil ich immer mehr Indizien zusammentragen konnte, die meine Theorien und Spekulationen abstützen. Ich achte, Kind dieser Zeit, halt die Betrachtung der Dinge mit »Weltraumaugen« für ergiebiger als Appelle an den Glauben. Wir möchten doch alle erfahren, woher wir wirklich kommen, wohin wir gehen, was dieses Leben für einen Sinn hat. Wird es je definitive Beweise für meine Theorien geben? Ich denke und hoffe: ja. Victor Auburtin hat in einem Aphorismus ausgedrückt, worauf ich hoffe: »Wer darauf wartet, daß es in ihm anfängt zu denken, wird nie denken. Denken muß man wollen wie Beten und Singen,

Essen und Trinken.« Man soll uns halt denken lassen und die Spekulation als einen fruchtbaren Teil des Denkens akzeptieren. – Würden wir in hundert Jahren einen fernen Fixstern mit einem Raumschiff erreichen, an den Bewohnern eine künstliche Mutation vornehmen und auf die Erde zurückkehren, hätten wir doch wohl das Bedürfnis, Zeichen unserer Anwesenheit zu hinterlassen. Der Plan wäre gar nicht leicht realisierbar. Einmal brauchen wir für die Daten, die wir deponieren wollen, eine Metalltafel, die Jahrtausende überdauert. Haben wir die entwickelt, müssen wir knobeln, welche Angaben in welchen Zeichen darauf graviert werden. Wir sind dann und dann hier gewesen ... Wir haben dieses und jenes angetroffen ... Wir kamen von diesem soundso viele Lichtjahre entfernten Planeten ... Wir verließen jenes galaktische System ... Wir benützten Triebwerke dieser und jener Art ... Wir sind wieder gestartet (oder geblieben) ... Wir werden frühestens in X Jahrtausenden wiederkommen ... Hinterlaßt Nachrichten für uns an diesem oder jenem Punkt. Solche Angaben wären notwendig.

Unser Testament für fremde Intelligenzen

Wo sollen wir sie ablegen? Als aufgeklärte Raumfahrer wissen wir, daß jeder Planet seine Kriege hat. Zum Beispiel. Oder Naturkatastrophen. Wir könnten unser »Testament« weder einem Oberpriester noch einem Stammeshäuptling zu treuen Händen geben: Aus unserer Geschichte wissen wir, daß der Sieger in Kriegen vorzugsweise die Heiligtümer des Unterlegenen zerstört. Unsere Plakette wäre futsch. Sollen wir sie eingraben? Auf einen Berggipfel tragen? Wir werden auch diese Möglichkeiten ablehnen: Die falschen Leute könnten sie zur falschen Zeit finden. Nach langem Überlegen bleibt nur ein Punkt, ein logisch-mathematischer Punkt auf dem Planeten oder in der Himmelsmechanik des Planetensystems. – Was kann auf dem Planeten so ein logisch-mathematischer Punkt sein? Nordpol oder Südpol beispielsweise. (An unseren Polen hat bisher kein Mensch gesucht nach Spuren der Extraterrestrier!) Ein logisch-mathematischer Punkt in der Himmelsmechanik? Zwischen Erde und Mond gibt es einen Punkt, an dem sich die Schwerkraftfelder der beiden Himmelskörper gegenseitig aufheben. Da Erde und Mond ständig in gegenseitiger Bewegung sind, also Bewegungen der Planeten und die Gravitation der Sonne mit zu berücksichtigen sind, müßte es sich um einen Punkt auf einer Umlaufbahn handeln. Wie aber, bei allen Göttern, sollen spätere Generationen auf den Gedanken kommen, an einem solchen Punkt »Beweise« für einen vormaligen Besuch aus dem Weltraum zu suchen?

Motiv der Schatzsuche

Wie bei einer Schnitzeljagd müssen Hinweise ausgestreut werden, Indizien, die die späteren Generationen animieren, nach einer »göttlichen Vergangenheit« zu forschen. Indizien müssen in heilige Bücher eingehen, in Mythen verborgen werden; sie müssen in absonderlichen Bauwerken stutzig machen, wie sie mit den ihren Vorfahren zugestandenen Werkzeugen nicht zu errichten waren. Schließlich werden wir in Zeichnungen und Reliefs alle möglichen Zeichen anbringen, die Rätsel aufgeben. So werden wir – vielleicht – in hundert Jahren vorgehen. So könnten aber auch Besucher aus dem Weltall für uns Zeichen ihrer frühen Anwesenheit hinterlassen haben. Gibt es diese grundstürzenden Beweise? Ermahnen uns die heiligen Bücher der Menschheit nicht inständig, in der Suche der Wahrheit nicht müde zu werden? Heißt es nicht: Suchet, und Ihr werdet finden?!

Nachrichten aus dem All

Außer wenigen Kennern wissen die Menschen nicht, daß seit 13 000 Jahren ein künstlicher Satellit in unserem Sonnensystem kreist. Im Dezember 1927 erfuhr Professor Carl Störmer, Oslo, daß die Amerikaner Taylor und Joung seltsam verzögerte Radiosignale aus dem Weltall empfangen hatten. Störmer, Fachmann für elektromagnetische Wellen, nahm Verbindung mit dem Holländer Van der Pol bei der Philips-Versuchsanstalt in Eindhoven auf. Am 25. September 1928 beschloß man eine Versuchsreihe: in 30-Sekunden-Intervallen sollten Radiozeichen verschiedener Länge ausgestrahlt werden. Knapp drei Wochen später, am 11. Oktober, wurden die gleichen Zeichen wieder im Empfänger registriert, allerdings mit Verzögerungen von drei bis 15 Sekunden. Die Eingänge der Radiosignale wurden in diesen Sekundenunterbrechungen registriert: 8 Sekunden – 11 – 15 – 8 – 13 – 3 – 8 – 8 – 8 – 12 – 15 – 13 – 8 – 8. Dreizehn Tage später, am 24. Oktober, wurden weitere 48 Zeichen empfangen. In Nr. 17 der »Naturwissenschaften« vom 16. August 1929 informierte Professor Störmer die Fachwelt.

Verbindung mit fremden Intelligenzen

Nun wurden Theorien aufgestellt, wie diese Empfangsverzögerung von Kurzwellenimpulsen erklärt werden könnte. Man dachte an kosmische Strahlungen oder an Reflexionen vom Mond und von anderen Gestirnen.

214

Alle Erklärungen waren unbefriedigend. Warum trafen Echos in verschiedenen Intervallen ein? Das Phänomen wiederholte sich im Jahre 1929 am 14., 15., 18., 19. und 28. Februar – dann am 4., 9., 11. und 23. April. Diese Echos wurden weltweit von unabhängigen Gruppen registriert. Innerhalb einer Periode von 15 Minuten notierte Professor Störmer diese Empfangsintervalle: 15 Sekunden – 9 – 4 – 8 – 13 – 8 – 12 – 10 – 9 – 5 – 8 – 7 – 6 – 12 – 14 – 12 – 8 – 12 – 5 – 8 – 12 – 8 – 14 – 14 – 15 – 12 – 7 – 5 – 5 – 13 – 8 – 8 – 8 – 13 – 9 – 10 – 7 – 14 – 6 – 9 – 5 – 9. Im Mai 1929 waren die französischen Radioelektriker J. B. Galle und G. Talon an Bord der »Inconstant«. Sie hatten Auftrag, die Effekte der Erdkrümmung auf Radiowellen zu untersuchen. Die Ausrüstung bestand aus einem 500-Watt-Kurzwellensender mit einem 20-m-Kabel an einem 8-m-Mast. Verschiedene kurze Signale wurden ausgestrahlt – da wiederholte sich das Echo. Zwischen 15.40 und 16.00 Uhr kamen ihre Zeichen in Intervallen von 1 bis 32 Sekunden zurück. Es gab auch diesmal keine Erklärung. Diese Beobachtungen wiederholten sich in den Jahren 1934, 1947, 1949 und im Februar 1970. Inzwischen war der junge schottische Astronom Duncan Lunan auf das Phänomen aufmerksam geworden. Schon 1960 hatte Professor R. N. Bracewell vom Radio-Astronomischen Institut der Stanford-Universität, USA, gesagt: Wenn sich eine fremde Intelligenz mit uns in Verbindung setzen wolle, könne das möglicherweise durch die verzögerte Wiedergabe von Radiosignalen erfolgen. Duncan Lunan, Präsident der »Scottish Association for Technology and Research«, nahm nun die Signalverzögerung »unter die Lupe«. Das Ergebnis war verblüffend: In ein Sekundengitter eingetragen, ergaben die am 11. Oktober 1928 empfangenen Zeichen die Sternkarte des Sternbildes Epsilon Bootes, 103 Lichtjahre von der Erde entfernt. Lunan untersuchte alle aus den zwanziger und dreißiger Jahren vorliegenden Daten. Eine Reihe von Sternen konnte zweifelsfrei identifiziert werden. Aus Messungen des verzögerten Echos konnten sechs verschiedene Sternkarten, stets Vergrößerungen um das Sternbild Epsilon Bootes, hergestellt werden. Zu diesem Phänomen befragt, sagte Professor Bracewell:

»Die auf Grund von Lunans Analyse erstellten Karten können als eine Möglichkeit der Verbindung einer anderen Intelligenz ausgelegt werden. Wenn ich jemanden, dessen Sprache ich nicht spreche, mitteilen will, woher ich komme, so geschieht dies am besten mit einem Bild. Es freut mich außerordentlich, daß die »Britisch Interplanetary Society« dieses Echo gründlich untersucht. Die Untersuchung könnte eine niederschmetternde Entdeckung ergeben. Die von Lunan beschriebene Sonde könnte von der Erde sogar mit dem stärksten Teleskop nie gesehen werden. Wir sehen auch unsere eigenen Weltraumfahrzeuge, die den Mond umkreisen, mit den stärksten Teleskopen nicht.«

12 600 Jahre alter Satellit

In »Spaceflight« 1973 veröffentlichte Lunan unter dem Titel »Spaceprobe from Epsilon Bootes« die bisherigen Resultate seiner Berechnungen. Er kommt zu dem Schluß, daß seit 12 600 Jahren in unserem Sonnensystem ein künstlicher Satellit kreist, der ein vollständiges informatives Programm für die Menschheit gespeichert hat. Der Computer im Satelliten sei so programmiert, daß er auf Radiowellen von der Erde anspricht, sobald und sofern seine eigene Position im Verhältnis zur Erde für einen Empfang geeignet ist. Die Erdsignale werden registriert und mit intelligenten Verzögerungen auf der gleichen Wellenlänge zurückgegeben. Früher oder später müssen die Empfänger auf der Erde merken, was hier gespielt wird. Lunan meint, daß wir bisher von dem unbekannten Satelliten in unserem Sonnensystem diese Informationen erhalten haben.

Präzise Meldungen?

Unsere Heimatsonne ist Epsilon Bootes. Es handelt sich um einen doppelten Stern. Wir leben auf dem sechsten von sieben Planeten. Gezählt von der Sonne her, die die größere von den zweien ist. Unser sechster Planet hat einen Mond, unser vierter Planet hat drei, unser erster und dritter Planet haben je einen. Unser Satellit befindet sich in einer Kreisbahn um euren Mond.

Durch die Konstellation des Sternbildes Epsilon Bootes ließ sich das Alter mit 12 600 Jahren errechnen. Es ist nicht denkbar, daß eine interplanetare Sonde eine Reise von 103 Lichtjahren macht, gezielt und geplant. Würde sie aus eigener Kraft fliegen, müßte sie über unvorstellbare Triebwerke verfügen. Da der Satellit klein ist, scheidet diese Möglichkeit aus – ganz abgesehen davon, daß unsere Astronauten ein Riesenraumschiff in der Mondumlaufbahn gesehen hätten. Startete die Sonde von Epsilon Bootes aus und flog im freien Fall auf unseren Planeten zu, müßte sie ohne Antrieb Jahrhunderttausende unterwegs sein – schutzlos allen Gravitationseinflüssen und Meteoriteneinschlägen ausgesetzt. Eine fremde Intelligenz, die einer anderen über eine Distanz von 103 Lichtjahren hinweg Mitteilungen zukommen lassen will (und kann!), geht so ein Risiko nicht ein. Die Absender wüßten auch, daß sie dann, wenn die Sonde das Ziel erreicht, vermutlich nicht mehr existieren. Außerdem konnten sie beim

Start vor ungezählten Jahrtausenden auch nicht ahnen, daß dermaleinst ausgerechnet die Erde intelligentes Leben beherbergen würde. Man mag eine Reihe der Fakten als Zufälle akzeptieren, dann kann doch das Einschwenken in eine Kreisbahn um unseren Mond nicht mehr zufällig passiert sein. Die Sonde wäre beim Eintritt und Durchflug unseres Sonnensystems von größeren Himmelskörpern angezogen worden. Und dies ist meine Erklärung: Das sendende künstliche Objekt in unserem Sonnensystem wurde gezielt von *jemandem* in die Kreisbahn des Mondes geschossen, und dieser *jemand* war vor 12 600 Jahren hier auf der Erde.

Nachrichtenprogramme an Bord

Wie geht es weiter? Ich bin der Meinung, daß die Sonde unterschiedliche Programme für verschiedene Wissenschaftsgebiete an Bord hat: Aufklärung für Paläontologen, Angaben für Triebwerktechniker, Antworten auf Theologenfragen, Sternkarten für Astronomen, Hilfen für Genetiker und Ärzte, Wissenswertes für Physiker. Lunan regt an, mit der Sonde in Laserkontakt zu treten. Wenn auch Laserechos in verschiedenen Intervallen zum Sendeort zurückkehren, werden auch die letzten Träumer begreifen müssen, daß der Erdenmensch nicht die Krone der Schöpfung war oder ist.

Meine Welt

In *meiner Welt* weilten vor Jahrtausenden fremde Astronauten auf unserem Planeten, unsere frühen Vorfahren hielten sie für »Götter«. Diese diktierten den vorhandenen Schreiberlingen die *ganze Wahrheit* und hielten sie durch Mahnung und Befehl an, diese *Wahrheit* unverfälscht an künftige Generationen weiterzugeben. Menschliche Besserwisserei funktionierte die Wahrheit um. Religionen entstanden. Wissen und Wahrheit wurden durch Glauben ersetzt. Immer noch glaubt der größte Teil der Menschheit an eine Wahrheit, die keine Wahrheit ist. Deshalb nehme ich mir die kleine Freiheit, zu versuchen, mit meinen Theorien und Spekulationen, mit einem Mosaik aus Erforschtem und mit unangenehmen Fragen dicke Bretter zu durchbohren, die – ich bitte um Vergebung – die meisten von uns noch vorm Kopf tragen.

310

▽ 311

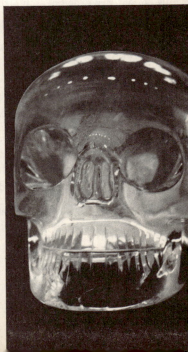

▽ 312

313 In den Strahlenkranz, der den Kopf des »Sonnengottes« umgibt, ist das Gesicht eines Indianers plaziert. Was soll diese Kombination von Himmelsgestirn und Mensch aussagen? (Anthropologisches Museum, Mexiko City)

310–311 Zwei Goldplastiken, die im Museum der State Bank, Bogota, stehen. Eine Plastik (310) vermittelt den Eindruck von einem behelmten, mit einem Flügelpaar ausgestatteten Astronauten, während des Gebilde (311) meines Erachtens die Erinnerung an eine Begegnung mit einem außerirdischen Roboter konserviert

312 Dieser Kopf aus reinem Bergkristall wurde in den Maya-Ruinen bei Lubaantun (Britisch-Honduras) gefunden. Er wiegt 5,3 kg. Am ganzen Schädel befindet sich kein Hinweis auf ein uns bekanntes Werkzeug!

314

314–316 Drei behelmte »Gottheiten« (Anthropologisches Museum, Mexiko City)

LITERATURVERZEICHNIS

Alfvén Hannes: Kosmologie und Antimaterie, Frankfurt 1969
Allen, T.: Wesen, die noch niemand sah, Bergisch-Gladbach 1966
Anders, Ferdinand: Das Pantheon der Maya, Graz 1963
Ardey, Robert: Adam kam aus Afrika, Wien 1967
Banco de la Republica: Museo del Oro, Bogota 1968
Barreto, Felicitas: Danzas Indigenas del Brasil, Mexico 1960
Bass, George F.: Archäologie unter Wasser, Bergisch-Gladbach 1966
Baudin, Louis: Der sozialistische Staat der Inka, Hamburg 1956
Baumann, Hans: Gold und Götter von Peru, Gütersloh, o. J.
Beck, C. H.: Menschenzüchtung, München 1969
Bennett, W. C.: Archaeology of Kauai, Honolulu 1931
Biedermann, Hans: Altmexicos heilige Bücher, Graz 1970
Biging, Curt: Tiere, Sonnen und Atome, Berlin 1930
Blavatasky, H. P.: Die Geheimlehre, Band I-IV, London 1888
Blühel, Kurt: Projekt Übermensch, Bern–Stuttgart 1971
Blumrich, J. F.: Da tat sich der Himmel auf, Düsseldorf 1973
Boschke, F. L.: Erde von anderen Sternen, Düsseldorf 1965
— Die Herkunft des Lebens, Düsseldorf 1970
Böttcher, Helmuth M.: Die große Mutter, Düsseldorf 1968
Branco, Renato Castelo: Pre-Historia Brasileira, Sao Paulo 1971
Brentjes, B.: Fels- und Höhlenbilder Afrikas, Heidelberg 1965
Breuer, Hans: Kolumbus war Chinese, Frankfurt 1970
Bruckner, Winfried: Spuren ins All, Volksbuchverlag, o. J.
Buck, Peter: Vikings of the Sunrise, New York 1938
Buck, P. H.: Ethnology of Manihiki und Rakahanga, Honolulu 1932
Büdeler, Werner: SKYLAB, Düsseldorf 1973
Buttlar, Johannes v.: Schneller als das Licht, Düsseldorf–Wien 1972
Calder, Nigel: Das Phänomen der kleinen grauen Zellen, Düsseldorf, 1972
Camp L. S. und C. C. de: Geheimnisvolle Stätten der Geschichte, Düsseldorf 1966
Cathie, B. L.: Harmonic 695, Wellington 1971
Ceram, C. W.: Der erste Amerikaner, Hamburg 1972
Charroux, Robert: Verratene Geheimnisse, München 1967
— Phantastische Vergangenheit, München 1969
— Unbekannt – Geheimnisvoll – Phantastisch, Düsseldorf–Wien 1970
— Die Meister der Welt, Düsseldorf 1972
Chen Chih-ping: Chinese History, Taipei, o. J.
Chiang Fu-Tsung: Masterworks of Chinese Bronze in the National Palace Museum, Taipei 1969

- The Origin and Development of the National Palace Museum, Taipei, o. J.

Codex Tro-Cortesianus: Amerikanisches Museum Madrid

Comfort Alex u. a.: Die biologische Zukunft des Menschen, Frankfurt 1971

Cordan, Wolfgang: Das Buch des Rates, Mythos und Geschichte der Maya, Düsseldorf 1962

Covarrubias, M.: Indian Art of Mexico and Central America, New York 1957

Criswell, W. A.: Stammt der Mensch vom Affen ab? Wetzlar 1972

Cyril, Aldred: Die Juwelen der Pharaonen, Zürich 1972

Däniken, Erich von: Erinnerungen an die Zukunft, Düsseldorf 1968
- Zurück zu den Sternen, Düsseldorf 1969
- Aussaat und Kosmos, Düsseldorf 1972

Danzel, Theodor: Mexico, altmexikanische Bilderschriften, Darmstadt 1922

Darlington, C. D.: Die Entwicklung des Menschen und der Gesellschaft, Düsseldorf 1971

De Chardin, P. Th.: Der Mensch im Kosmos, München 1965

Deuel, Leo: Flights into Yesterday, New York 1969

Disselhoff, H. D.: Gott muß Peruaner sein, Wiesbaden 1956
- Das Imperium der Inka, Berlin 1972

Ditfurth, Hoimar v.: Am Anfang war der Wasserstoff, Hamburg 1972

Edwards Dick: Imagine Earth One Nation, Perth 1972

Ehrenreich, Paul: Die Mythen und Legenden der südamerikanischen Urvölker, Berlin 1905

Eiseley, Loren: Von der Entstehung des Lebens und der Naturgeschichte des Menschen, München 1959

Eissfeldt, Otto: Einleitung in das Alte Testament, Tübingen 1964

Ekrutt, Joachim: Der Kalender im Wandel der Zeiten, Stuttgart 1972

Elsässer, Hans u. a.: Sind wir allein im Kosmos? München 1970

Emory, K. P.: Stone Remains in the Society Islands, Honolulu 1933

Eugster, J.: Die Forschung nach außerirdischem Leben, Zürich 1969

Ferreira, Manuel Rodrigues: O misterio do ouro dos martirios, Sao Paulo 1960

Friderici, G.: Die vorkolumbischen Verbindungen der Südsee-Völker mit Amerika, Wien 1929

Frischauer, P.: Es steht geschrieben, München 1967

Gamow, George: Die Lebensgeschichte der Erde, München 1941
- Erde unser Planet, München 1963

Garcilasso de la vega: Primera parte de los comentarios reales, que tratan del origen de los incas, Madrid 1722

Gomez, L. D.: San Augustin (Instituto columbiano de antropoligia), Bogota 1963

Grand Palais: Arts mayas due Guatemala. Paris 1968

Haber, Heinz: Unser blauer Planet, Stuttgart 1965

Hagen, Victor von: World of the Maya, New Americ Library, New York, o. J.

Hambruch, Paul: Ponape, Ergebnisse der Südsee-Expedition, Berlin 1936

Hapgood, Ch. H.: Maps of the Ancient Sea Kings, Philadelphia o. J.

Heberer, Gerhard: Homo – unsere Ab- und Zukunft, Stuttgart 1968

Heitmann, Karl E.: Die Urzeitjäger im technischen Paradies, Düsseldorf 1962

Heyerdahl, Thor: Aku-Aku, Frankfurt 1957

Hoenn, K.: Sumerische und akkadische Hymnen und Gebete, Zürich–Stuttgart 1953

Honoré, Pierre: Das Buch der Altsteinzeit, Düsseldorf 1967

Hübner, Paul: Vom ersten Menschen wird erzählt, Düsseldorf 1969

Hynek, Allen: The UFO Experience, Chicago 1972

Kautzsch, E.: Die Apokryphen und Pseudoepigraphen des Alten Testamentes, Tübingen 1900

Keller, Werner: Und die Bibel hat doch recht, in Bildern, Düsseldorf 1963

Kidd, Kenneth: Indian Rock Paintings of the Great Lakes, Toronto 1962

Koch-Grünberg: Südamerikanische Felszeichnungen, Berlin 1907

Kohlenberg, Karl F.: Enträtselte Vorzeit, München 1970

Kramer, S. N.: Geschichte beginnt mit Sumer, München 1959

Krassa, Peter: Gott kam von den Sternen, Wien 1969

Krickeberg, Walter: Märchen der Azteken und Inka, Jena 1928

– Die Religion des alten Amerika, Stuttgart 1952

Leon-Portilla, Miguel: Rückkehr der Götter, Die Aufzeichnungen der Azteken über den Untergang ihres Reiches, Köln 1962

Lhote, Henri: Die Felsbilder der Sahara, Würzburg 1963

Lindner, Helmut: Physik im Kosmos, Köln 1971

Lucas, Heinz: Japanische Kultmasken, Kassel 1965

Lukian: Zum Mond und darüber hinaus, Zürich 1967

Malaise, René: A New Deal in Geology, Lidingö 1969

Marins, Francisco: Expedicao os martirios, Sao Paulo, o. J.

Mellaart, James: Catal Hüyük, Bergisch-Gladbach 1967

Meissner, B.: Babylonien und Assyrien, Winters 1925

Melhedegard, Frede: Tut-ankh-amon er vagnet, Fredericia 1970

Ministerio da agricultura: Paraque national de sete cidades, Piaui 1971

Monod, Jacques: Le hasard et la necessité, Paris 1971

Müller, Rolf: Der Himmel über dem Menschen der Steinzeit, Heidelberg 1970

National Palace Museum: Chinese Cultural Art Treasures, Taipei 1971

Newman, Alfred K.: Who Are the Maoris, London o. J.

Osten-Sacken, P. v. der: Wandere durch Raum und Zeit, Stuttgart 1965

Paasonen, Heikki: Gebräuche und Volksdichtung der Tschuwassen, Helsinki 1949

Pahl, Jochim: Sternenmenschen sind unter uns, München 1971

Parrot, André: Sumer, Paris 1960

— Assur, Paris 1960

Pauwels, L. – Bergier, J.: Aufbruch ins dritte Jahrtausend, Bern 1962

— Der Planet der unmöglichen Möglichkeiten, Bern 1968

— Die Entdeckung des ewigen Menschen, Bern 1970

Philbeck, Maynard: The Search for the Sun People, Washington D. C. 1968

Philip, Brother: Secret of the Andes, London 1961

Piper: Sind wir alleine im Kosmos? München 1970

Pointer, Josef: Das Weltraum-Dilemma, Düsseldorf 1971

Prescott, William H.: Die Welt der Inkas, Genf o. J.

Puccetti, Roland: Außerirdische Intelligenz, Düsseldorf 1970

Reiche, M.: Geheimnis der Wüste, Stuttgart, o. J.

Riese, Berthold: Geschichte der Maya, Stuttgart 1972

Rittlinger, Herbert: Der maßlose Ozean, Stuttgart o. J.

Rubissow, Helene: Lumieres de l'asie, Paris 1968

Rüegg, W.: Die ägyptische Götterwelt, Zürich–Stuttgart 1959

Saurat, Denis: Atlantis und die Herrschaft der Riesen, Stuttgart 1965

Sänger-Bredt, Irene: Spuren der Vorzeit, Düsseldorf 1972

Sänger-Bredt, Irene: Ungelöste Rätsel der Schöpfung, Düsseldorf 1971

Schirmbeck, Heinrich: Ihr werdet sein wie die Götter, Düsseldorf 1966

Schmidt, Ulrich: Treppen der Götter, Zeichen der Macht, Düsseldorf 1970

Schrader, Herbert L.: Der Mensch wird umgebaut, Frankfurt 1970

Schwennhagen, Ludwig: Antiga historia do Brasil, Rio de Janeiro, 1970

Selimchanov, I. R.: Ergebnisse von spektralanalytischen Untersuchungen an Metallgegenständen des 3. und 4. Jahrtausends aus Transkaukasien, Baku 1966

Sete, K.: Das ägyptische Totenbuch, Leipzig 1931

Shklosvkii, I. S. – Sagan, C.: Intelligent Life in the Univers, San Francisco 1966

Skinner, H. D.: The Morioris, Honolulu 1928

Smith, Percy S.: Hawaiki, London 1910

Sprague de Camp, L: Geheimnisvolle Stätten der Geschichte, Düsseldorf o. J.

Sterneder, Hans: Also spricht die Cheopspyramide, Freiburg i. Br. 1968

Stingl, Miloslav, Dr.: In versunkenen Mayastädten, Leipzig 1971

Stucken, Eduard: Polynesisches Sprachgut in Amerika und Sumer, Leipzig 1927

Stoddard, Theorore L.: Indians of Brazil in the Twentieth Century, Washington D. C. 1967

Sullivan, Navin: Die Botschaft der Gene, Frankfurt 1969

Sullivan, Walter: Signale aus dem All, Düsseldorf 1966

Tobisch, O. Oswald: Kult Symbol Schrift, Baden-Baden 1963

Tregear, Edward: The Maori Race, Wanganui, N. Z. 1926

Umschau Verlag: Die biologische Zukunft des Menschen, Frankfurt am Main 1971

Valle Jacques an Janine: Callenge to Science, Chicago 1966

Vestenbrugg, Rudolf Elmayer: Eingriffe aus dem Kosmos, Freiburg i. Br. 1971

Villas Boas, O. und C.: Xingu, Rio de Janeiro 1970

Vierkandt, A.: Das Problem der Felszeichnungen und der Ursprung des Zeichens, Braunschweig 1909

Vogt, H. H.: Das programmierte Leben, Zürich 1969

Waters, Frank: Book of the Hopi, New York 1963

Watson, James D.: Die Doppel-Helix, Hamburg 1969

White, John: Ancient History of the Maori, Band I-III, Wellington 1887

Weidenreich, F.: Apes, Giants and Man, Chicago 1946

Wedemeyer, Inge von: Sonnengott und Sonnenmenschen, Tübingen 1970

Wiesner, Joseph: Histoire de l'art, Paris o. J.

– L'orient ancien, Paris o. J.

Waisbard, Simone: Tiahuanaco, Paris 1971

PERSONENREGISTER

Assurbanipal 8
Auburtin, Victor 210
Augustus 115

Backster, Dr. Clyde 195 ff.
Beyerlein, Dr. W. 39
Bharadwaja 183
Blumrich, Josef F. 40 ff., 106 ff.
Bracewell, Prof. R. N. 215 ff.
Brion, Marcel 90
Bruce, J. 46

Chardin, Teilhard de 83
Charroux, Robert 101
Chaves, Eduardo 80 ff.
Cicero 56
Crespi, Carlo 151 ff., 177 ff.
Crick, Francis H. C. 31

Djoser 56
Doppler, Christian 5
Drake, Frank 164
Dummermuth, Dr. Fritz 39

Edwards, Robert 183
Eldem, B. Halil 136
Esra 51 ff.

Foreman, Danol 123 ff.

Galle, J. B. 215
Galilei, Galileo 49
Gilroy, Rex 183 ff.
Gohed, Dr. Amr 59 ff.
Guillaume, Dr. A. 39

Hapgood, Charles H. 139
Hatem, Dr. Abdul Quader 173
Henoch 46 ff.
Herodot 56 f.
Hesekiel 38 ff.
Heyerdahl, Thor 117 ff.
Homer 10
Hubble, Edwin P. 5

Jensen, Eduardo 85
Joung 214
Jung, C. G. 8

Keel, Prof. Othmar 39

Kepler, Johannes 49
Khorana, Har Gobind 30
Kolumbus, Christoph 137 ff.
Kopernikus, Nikolaus 49
Kornberg, Prof. Arthur 30
Kühn, Prof. Herbert 64

Landa, Diego de 87 ff.
Lawrence, Dr. George 194 ff.
Lhote, Henri 64 ff.
Lhuillier, Alberto Ruz 90
Lindborg, Prof. 39
Lineham, Pater 138 ff.
Lunan, Duncan 215 ff.
Luria, Salvador E. 30 f.

McCarthy, Colin 185
McLuhan, Eric 58 ff.
McLuhan, Marshall 58
Mallery, Arlington H. 137 ff.
Ma'sudi, Abu'l Hassan 56
Messiha, Dr. Khalil 173
Methusalem 46 ff.
Moh, Ahmed 173
Moses 26, 30
Moukhtar, Gamal El-Din 173

Naguib, Kamal 173
Nessiha, Dr. Hishmat 173
Nirenberg, Marshall W. 32

Ohlmeyer, Harold Z. 139

Peret, Joao Americo 170 ff.
Piri Reis 136 ff.
Planck, Max 207
Pol, Van der 214
Price, J. de Solla 133

Quiros, Fernandes 144

Ramses II. 59
Riad, Dr. Henry 173
Rittlinger, Herbert 144
Rivet, Paul 91
Roggenveen 117
Sagan, Carl 127 ff., 164 ff.
Semil, Dr. Abdul Quader 173
Simon, Pedro 21
Spiegelmann, Sol 30

Stais, Valerios 132
Störmer, Carl 214ff.
Stössel, Bernhard 128
Sullivan, Walter 124ff.

Talon, G. 215
Taylor 214
Thaler, Ingolf 128
Tkach, John R. 198ff.

Walters 138ff.
Watson, James D. 31ff.
Weizsäcker, Carl F. v. 5
White, Dr. 198
Wilkins, Maurice H. F. 31

Zaphyrof, Lubomir 167
Zengerle, Rudolf 128

SACHREGISTER

Aborigines 185
Abu Simbel 59
Adenin 31
Akademie, Intern., f. Sanskrit-
  forschung 180ff.
Alice Springs 183ff.
Antofagasta 85
Aphrodite 11
Altsteinzeit 64ff.
Antarktis 138ff.
Antheroiden 195
Antikythera 132ff.
Apokryphen 46ff.
Arnhem-Land 183ff.
Assuan-Staudamm 59
Auckland 149
Australien 183ff.
Azteken-Kalender 109ff.

Baal 115
Baalbek 115ff.
Backster-Effekt 196
Babylon 115
Bahriye 136ff.
Ba'li 115
Bat-Enosch 48
Beirut 115
Bel 115
Bep-Kororoti 170ff.
Bhima 10
Bodleian-Bibliothek 56
Buchstabenalphabet, Phön. 156

Chemehuevis-Indianer 197
Chephren-Pyramide 59
Chibchas 21
Chromosomen 31ff.

Cocha 111
Code, Genetischer 30ff.
Cuenca 151ff., 156ff.
Cuzco 101
Cytoplasma 195
Cytosin 31

Damaskus 115
Deimos 11
Doppelhelix 31ff.
DNS 30ff.

Ecola-Institute, San Bernadino Cal.
  194ff.
Enkidu 8ff.
Enlil 115
Epsilon Bootes 197, 215ff.
Etana 8ff.

Faustkeil-Theorie 117ff.
Felsbilder 64ff.
Felsmalereien 64ff.
Feuerland 138
Fixsterne 5

Gen 30ff.
Georgetown-Universität 138ff.
Gilgamesch-Epos 8ff., 48ff.
Grundbasen 31ff.
Guanin 31

Hapai 11
Heliopolis 115
Hieroglyphen 156
Hominiden 210ff.
homo sapiens 209

Hopi-Indianer 71
Horus 131

Indios 151
Inka 167ff.

Jared 46
Jungsteinzeit 26
Jupiter 14, 164ff.

Karolinen 144
Kayapos 170ff.
Keilschrift 156
Kugelraumschiffe 122ff.
Kukulkan 167

Lamech-Rolle 48
Laura 183
Lima 101
Luxor 131

Maori 10
Marduk 115
Materiezerstrahlung 123
Maya-Codices 88ff.
Maya-Handschriften 87ff.
Maya-Kalender 109ff.
Maya-Legende 87ff.
Meslamtaea 115
Milchstraße 5
Mixcouatl 10
Mojawe-Wüste 196
Moon-City 185ff.
Museum, Nat. Archäol., Athen 131
Museum, Gold-, Bogota 177
Museum, Bishop-, Honolulu 149
Museum f. Altertümer, Istanbul 136
Museum, Ägypt., Kairo 173ff.
Museum, Britisches, London 26
Museum, Mount York Nat. Hist.,
    Mount Victoria 183ff.
Museum, National-, Mexico 130f.
Mutation 210ff.

Nan Madol 144ff.
Naram-Sin 131
Nazca 199ff.
Ndahla-Schlucht 183
Nukleotid 31ff.

Osterinsel 117ff.
Oszillations-Theorie 5

Palenque 90ff.
Palo Alto 30ff.
Petroglyphen 64ff.
Phobos 11
Photonenraketen 123ff.
Piaui 142
PIONEER F 164ff.
Piripiri 142
Ponape 144ff.
Projekt Cyclops 196ff.
Pseudepigraphen 46ff.

Quipus 156

Rama 10
Rano Raraku 117ff.
Re 21
Reflektor, Parabol. 198ff.
Ritualmasken 149
Rio Longe 142
Rollsiegel 26ff.

Sacsayhuaman 101
Sahara 64ff.
Sakkara 56, 173
Santa Cruz, Bolivien 113
Schamasch 26
Schwerkraft, Künstliche 127ff.
Sete Cidades 152ff., 185ff.
Silbenschrift 156
SKYLAB 128
Sporen 195
Staustrahltriebwerk 127ff.
Steady-State-Theorie 5
Südsee 149ff.
Südseeinseln 117ff.
Südseemasken 149ff.
Sumerer 8, 26

Taratacar 85
Tawhaki-Indianer 11
Telepathie 196
Temuen 144ff.
Teresina 142
Thor 10
Thunderbird 10
Thymin 31
Tiahuanaco 104ff., 167
Topkapi-Palast 136
Tschuwaschen 167
Tula 111
Typhon 11

Unbewußte, Das kollektive 8
Universität Kairo 59
Urknall-Theorie 5

Viracocha 167
Virus 30 ff.
Virus Phi Beta 30 ff.
Virus Phi X 30 ff., 174

Werkzeuge 97

Wisconsin-Universität 30 ff.

Yarbiri Soak 183
Yukatan 87

Zeitdilatation 210 ff.
Zeitverschiebung 54 ff.
Zeremonialhölzer 130
Zeus 68
Zylindersiegel 131 ff.

BILDNACHWEIS

Seite 1–16
1 Werner Büdeler; 2, 9 Museum von Bagdad; 3 Palestine Archaeological Museum; 4 National Museum, Teheran; 5 Britisches Museum, London; 6 Metropolitan Museum, New York; 7 Thames and Hudson Ltd.; 8 Directorate of Antiquities in Nordsyrien

Seite 17–32
10, 13, 15, 18, 19, 31 Louvre, Paris; 11, 21, 22, 25, 30, 32 Erich von Däniken (EvD); 12, 29 Oriental Institute, Chicago; 14, 20 Britisches Museum, London; 17, 23 Museum, Berlin; 24 Museum von Ankara; 26, 27 Collection Pierpont Morgan; 28 Museum von Damaskus

Seite 33–48
33, 35, 40 Louvre, Paris; 34, 36 Britisches Museum, London; 37, 38, 39, 41, 42, 44, 45 EvD; 43 Harvard Semitic Museum, Cambridge; 46, 49, 50, 53 Constantin-Film; 47, 48, 51, 52 J. F. Blumrich

Seite 49–64
54, 56 Constantin-Film; 55 Ewing Galloway, New York; 57, 58, 59 Thames and Hudson Ltd.; 60 Louvre, Paris

Seite 65–80
61, 62, 63, 66, 67, 68, 69, 70, 71, 73, 79 Constantin-Film; 64, 65, 74, 77, 78, 80, 81, 82 EvD; 76 London Express Pictures; 88, 89 © OGlobo, Brasilien; 83, 84, 85, 86, 87 Pedra de Gavea, Fotos Eduardo B. Chaves, EvD

Seite 81–96
90, 91, 92, 93, 100, 101, 104, 105, 106, 107, 107 a, 109 Constantin-Film; 95, 96, 97, 102, 108, 110, 111 EvD, 103 Victor von Hagen, aus „World of the Maya, 1960

Seite 97–112
112, 113, 114, 115, 116, 117, 120, 121, 122, 123, 124, 125, 129, 130, 131, 132, 133, 134 EvD; 118, 119, 126, 127, 128, 135, 136, 137, 138, 139, 140 Constantin-Film; 141 Marcel Homet, EvD

Seite 113–128
142, 143, 144, 145, 146, 147, 148, 149, 150, 151, 152 Constantin-Film; 153, 154, 155, 156, 157, 158, 159, 160, 161, 162 EvD

Seite 129–146
163, 164, 176, 177, 178, 179, 180, 181, 183, 184 EvD; 165, 166, 173, 174, 175 Constantin-Film; 167, 169 Ernst von Khuon; 171 Catherine Krilrorian; 172 Charles Hapgood: »Maps of the Ancient Seakings«, Chilton Books, Philadelphia

Seite 147–162
185, 186, 187, 188, 189, 190, 191, 192, 193, 194, 195, 196, 197, 198, 199, 200, 201, 202, 203, 204, 205, 206, 207, 208, 209, 210, 211, 212, 213, 214, 215, 216, 217, 218, 219, 220, 221, 222, 223, 224, 225, 226, 227 EvD

Seite 163–178
228, 229, 231, 232, 233, 238, 239, 242, 252, 253, 254, 256 EvD; 234, 235, 236, 237, 247, 248, 249, 250, 251, 255 Constantin-Film; 240, 241 © Peret Joao Americo, Brasilien

Seite 179–194
257, 258, 259, 260, 261, 262, 263, 264, 265, 266, 267, 268, 269, 270, 271, 272, 273, 275, 276, 279 EvD; 274, 282 Constantin-Film; 277, 278, 280, 281, 286, 287 Leyland Brothers Films, EvD; 283, 284, 285, 288 Jon Noble, EvD; 289, 290, 291 Ecola Institute, San Bernadino, Californien, George Lawrence, EvD

Seite 195–210
292, 293, 295 EvD; 294, 296, 297, 298, 299, 300, 301, 302, 303, 304, 305, 306, 307, 308, 309 Constantin-Film

Seite 211–222
310, 311, 312, 325, 326, 327, 328 EvD; 313, 314, 315, 316 Constantin-Film

Farbteil
F1, F2, Thames and Hudson Ltd.; F3, F4, F5, F6, F7, F8, Sächsische Landesbibliothek, Dresden; F13, F14, F15, F16, F17, F18, F19, F20, F21, F22, F23, F24, F25, F26, F34, F35, F37, F38, F39, F40, F41, F44 EvD; F27, F28, R. Rohr, EvD; F29, F30, F31, F32, F33, F36, F42, F43, F45, F46, F47, F50, F51, F52, F53, F54, F55, F56, F57 Constantin-Film; F48, F49, New Archeological Findings in China, Peking; S50 John Sanderson, EvD

Bitte beachten Sie
die folgenden Seiten:

Sachbuch

Als Band mit der Bestellnummer 60 274 erschien:

In diesem Klassiker der spekulativen Archäologie stellt Erich von Däniken seine aufsehenerregende Behauptung auf, Astronauten fremder Planeten hätten die Erde besucht und ihre Spuren in Stein und Mythos hinterlassen. Er präsentiert archäologische Funde, die scheinbar keine anderen Schlüsse zulassen.

Sachbuch

Als Band mit der Bestellnummer 60 275 erschien:

In seinem zweiten Buch untermauert Däniken mit neuen Argumenten seine These, Astronauten fremder Planeten hätten in vorgeschichtlicher Zeit die Erde besucht. Bisher ungeklärte Rätsel aus Rußland, Südamerika und Indien fügen sich plötzlich als logische Glieder in die Beweiskette und weisen für Däniken den Weg zurück zu den Sternen.

Sachbuch

Als Band mit der Bestellnummer 60 276 erschien:

Dänikens vierte Weltreise führt ihn unter anderem nach Ecuador, wo er ein bis dahin unbekanntes Tunnelsystem erforscht. Er trägt Indizien vor, die auf eine geheimnisvolle Entstehung der gigantischen Anlagen in prähistorischer Zeit hinweisen. Eine aufregende und spannende Reise in die archäologische Spekulation!

Sachbuch

Als Band mit der Bestellnummer 60258 erschien:

Isaac Asimov entführt den Leser auf eine neue spannende Reise in die Geheimnisse unseres Kosmos. Selbst komplizierteste naturwissenschaftliche Erkenntnisse erläutert er ebenso informativ wie unterhaltsam.

Sachbuch

Als Band mit der Bestellnummer 60 261 erschien:

Gab es Kulturen in der Menschheitsgeschichte, von denen wir bisher nichts wissen? Auf der Suche nach versunkenen Städten hat der weltbekannte Forscher Charles Berlitz an zahlreichen Tauchgängen teilgenommen. Seine Entdeckungen und Schlußfolgerungen sind atemberaubend.

Liebe Leserin, lieber Leser!

Jedes Jahr erscheinen 500 neue Bastei-Lübbe-Taschenbücher. Damit Sie sich leichter in diesem großen Programm zurechtfinden, haben wir sie nach Reihen geordnet. Diese Reihen werden wir Ihnen in allen weiteren Taschenbüchern nach und nach vorstellen.
Hier die Sachbuch-Reihe **Erfahrungen**, in der Menschen ihr bewegendes Schicksal erzählen.

Seit langem hat kein Buch mehr so viele Leser in seinen Bann gezogen wie dieses.
Millionen von Lesern in aller Welt haben atemlos die Geschichte der Amerikanerin Betty Mahmoody verfolgt, die mit ihrer Tochter von ihrem persischen Ehemann in Teheran festgehalten wurde — und der am Ende doch eine abenteuerliche Flucht gelang. Monatelang auf Platz eins der Bestsellerliste.

Weitere Titel der Reihe **Erfahrungen**

Truddi Chase
Aufschrei
Band 61 133

Als Kind wurde sie jahrelang mißbraucht — erst als Erwachsener gelingt es Truddi Chase, ihre Vergangenheit zu bewältigen.

Bettina Arndt
Am Ende der Liebe steht die Liebe
Band 61 199

Nach Jahren glücklicher Ehe muß die Lehrerin Bettina plötzlich erleben, daß ihr Mann sich von ihr löst. Es dauert lange, bis sie ihr Leben wieder in den Griff bekommt.

Mary Callahan
Tony
Band 61 158

Der leidenschaftliche Kampf einer Mutter um ihren Sohn, bei dem irrtümlich Autismus diagnostiziert wurde.

Niu-Niu
Keine Tränen für Mao
Band 61 188

Der fesselnde Lebensbericht einer Chinesin, deren Familie in den Wirren der Kulturrevolution zu zerbrechen droht.

Joanne Gillespie
Joanne
Band 61 179

Als bei der neunjährigen Joanne ein Gehirntumor festgestellt wird, wehrt sie sich mit ihrer ganzen Kraft gegen die Krankheit.

Hugues de Montalembert
Das geraubte Licht
Band 61 116

Bei einem Raubüberfall wird einem erfolgreichen Maler Säure in die Augen gespritzt. Plötzlich muß er sich seinen Weg durch eine dunkle, bedrohlich gewordene Welt tasten.

Bastei-Lübbe-Taschenbücher — überall, wo es gute Bücher gibt